Geige

Querflöte

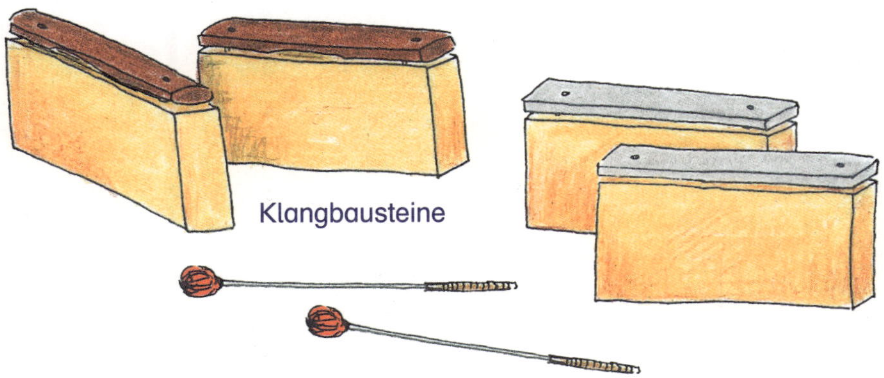

Klangbausteine

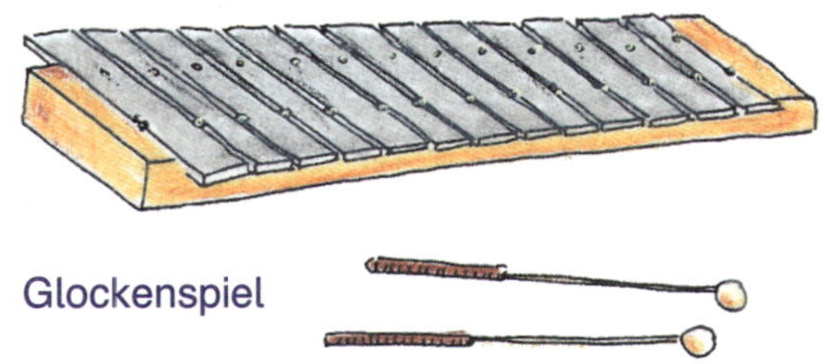

Glockenspiel

Xylophon

Metallophon

FIDELIO 2

Musik in der Grundschule

Autorinnen und Autor:
Birgit Braun-Rehm
Elisabeth Greipl
Micaela Grüner
Reinhold Wirsching
Dorothea Zigldrum

Illustrationen: Dunja Schnabel

westermann

Zeichenerklärung:

Becken

Claves (Klanghölzer)

Fingerzimbeln

Große Trommel

Guiro

Handtrommel

Holzblocktrommel

Holzröhrentrommel

Klangbaustein

Rasseln (Maracas)

Schellenkranz

Schellenring

Schellentrommel

Triangel

❶ ❷ Hier gibt es ein Hörbeispiel auf der CD 1 oder 2

Zum Programm **FIDELIO 2** gehören:

- Schülerband (Best.-Nr.: 12 5022)
- Hörbeispiele, Doppel-CD (Best.-Nr.: 12 5006)
- Lehrermaterial (Best.-Nr.: 19 5022)
- Kopiervorlagen (Best.-Nr.: 19 5002)

Inhalt

Die Jahreszeiten

Klasse 2 – wir sind dabei!

Das Lied für alle Fälle ❶ 1/2

Text und Melodie: Wolfgang Spode

■ Wo waren das Kind, der Bär und Öhrli jeweils im Urlaub? Suche zu jedem Text das passende Foto.

Ferienerlebnisse der Kinder in der Klasse aufgreifen. Begrüßungslied singen sowie mit der Handtrommel rhythmisch begleiten. Urlaubsbeschreibungen der Seite 4 den Fotos der Seite 5 zuordnen.

❶ 3–5

■ Von der CD hörst du drei kurze Musikstücke.
Welche Musik erzählt dir von welchem Ferienort?

Sich mit dem Buch einen ruhigen Hörplatz im Raum suchen. Die drei Musikstücke CD 1/3–5 (E. Grieg: Bächlein, V. Williams: Lovely on the water, J. Brahms: Sinfonie Nr.1 „Alphornthema“) hören. Die Höreindrücke beschreiben und jedes Hörbeispiel einer Fotografie zuordnen.

Komm, wir wollen tanzen

Text und Melodie: Gerda Bächli

- Lest den Liedtext und singt das Lied.
- Welches Tanzpaar passt zu welcher Liedzeile?
  Probiert die Bewegungen aus und tanzt zum Lied.

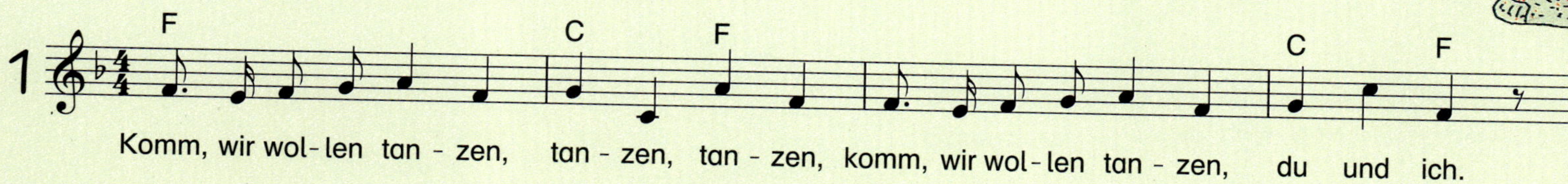

❶ 6

Die vier Liedabschnitte lesen und singen. Nach inhaltlichen Aspekten jedem Liedabschnitt ein Tanzpaar zuordnen.
Mit Partnerwechsel in den Abschnitten drei und vier zum Lied tanzen.

■ Begleitet die vier Liedteile mit unterschiedlichen Instrumenten.

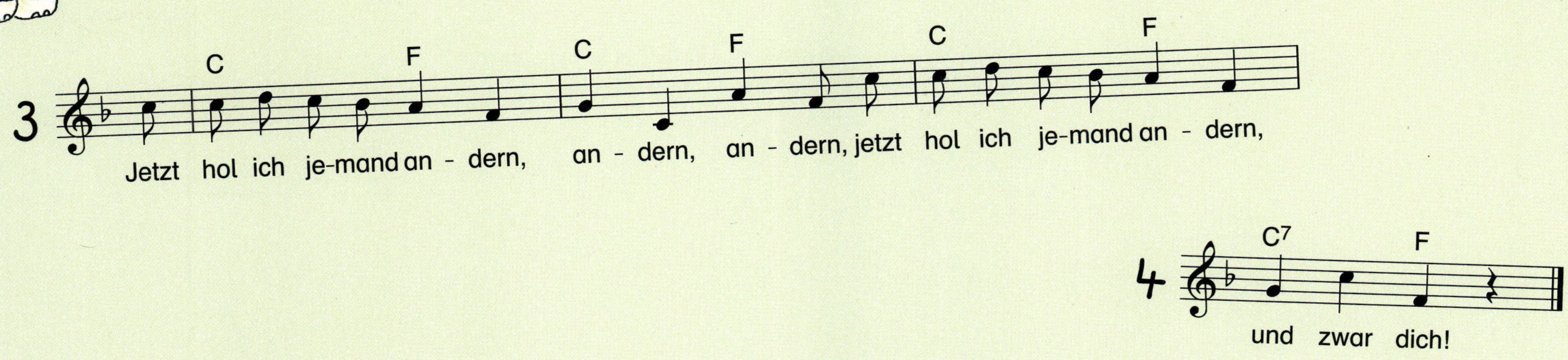

Klangeigenschaften, Aussehen und Bezeichnungen der dargestellten Instrumente wiederholen.

Die vier Liedabschnitte gruppenweise entsprechend der grafischen Notationen mit Schlaginstrumenten und Klangbausteinen begleiten.

Singend wir grüßen ❶ 7

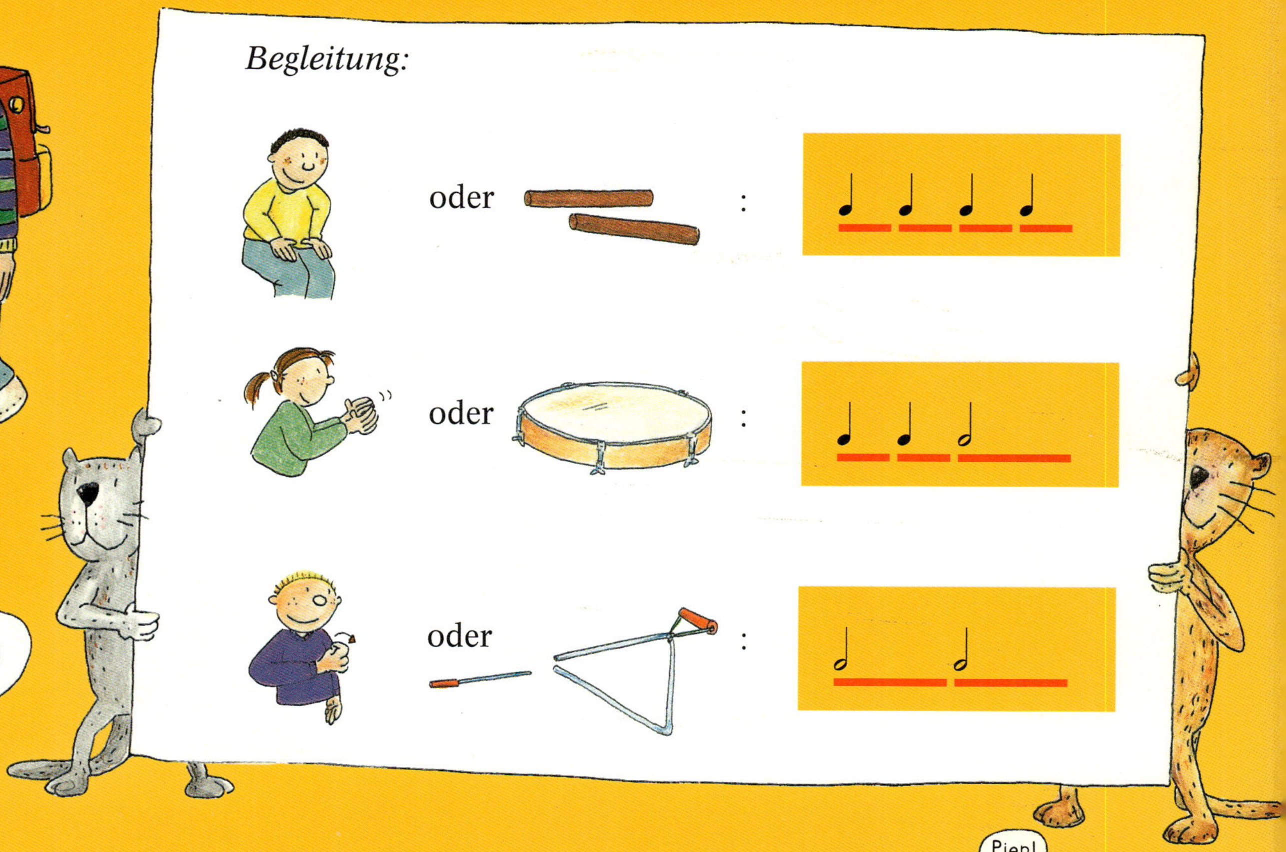

Lied erlernen. Die rhythmischen Bausteine mit Körper- oder Schlaginstrumenten erarbeiten.
Diese – nacheinander oder gleichzeitig – als ostinate Begleitformel zum Lied spielen.

■ Weißt du, in welcher Sprache dich diese Kinder begrüßen?

(türkisch) (serbokroatisch) (rumänisch) (italienisch)

Englische Begrüßungsstrophe des Liedes erlernen und inhaltlich klären.

Weitere – in der Klasse gesprochene – Begrüßungen sammeln und auf einem Plakat veröffentlichen.

Halte zu mir, guter Gott ❶ 8

Text: Rolf Krenzer,
Melodie: Ludger Edelkötter

2. Du bist jederzeit bei mir,
wo ich geh und steh,
spür ich, wenn ich leise bin,
dich in meiner Näh.
Halte zu mir, guter Gott …

3. Gibt es Ärger oder Streit
und noch mehr Verdruss,
weiß ich doch, du bist nicht weit,
wenn ich weinen muss.
Halte zu mir, guter Gott …

4. Meine Freude, meinen Dank,
alles sag ich dir.
Du hältst zu mir, guter Gott,
spür ich tief in mir.
Halte zu mir, guter Gott …

■ Bewege dich zum Refrain so, wie die Bilder es zeigen.

Halte zu mir, guter Gott, heut den ganzen Tag. Halt die Hände über mich, was auch kommen mag.

Die Gliederung des Liedes (Wechsel von Strophe und Refrain) in der Umsetzung erfahren:
Liedstrophen mit Klangbausteinen begleiten; Refrain mit textbegleitenden Gesten stützen.

Lasst uns nach Hause geh'n ❶ 9/10

Text und Melodie:
Dorothea Zigldrum

2. Gleich ist die Schule aus,
Zeit für den Abschiedsgruß!
Einmal noch klatschen wir,
doch jetzt ist wirklich Schluss.
Einmal noch klatschen wir,
doch jetzt ist wirklich Schluss.

■ Begleitet das ganze Lied wie diese Kinder:

■ Erfindet zu zweit
eine neue Folge
und begleitet auch
damit das Lied.

Lied zur Verabschiedung singen und mit der vorgegebenen Klanggestenfolge (im Metrum) rhythmisch begleiten.
Zusatzangebot: Zu zweit eine neue Folge aus drei Klanggesten festlegen und auch damit das Lied begleiten.

Der kleine Zauberer

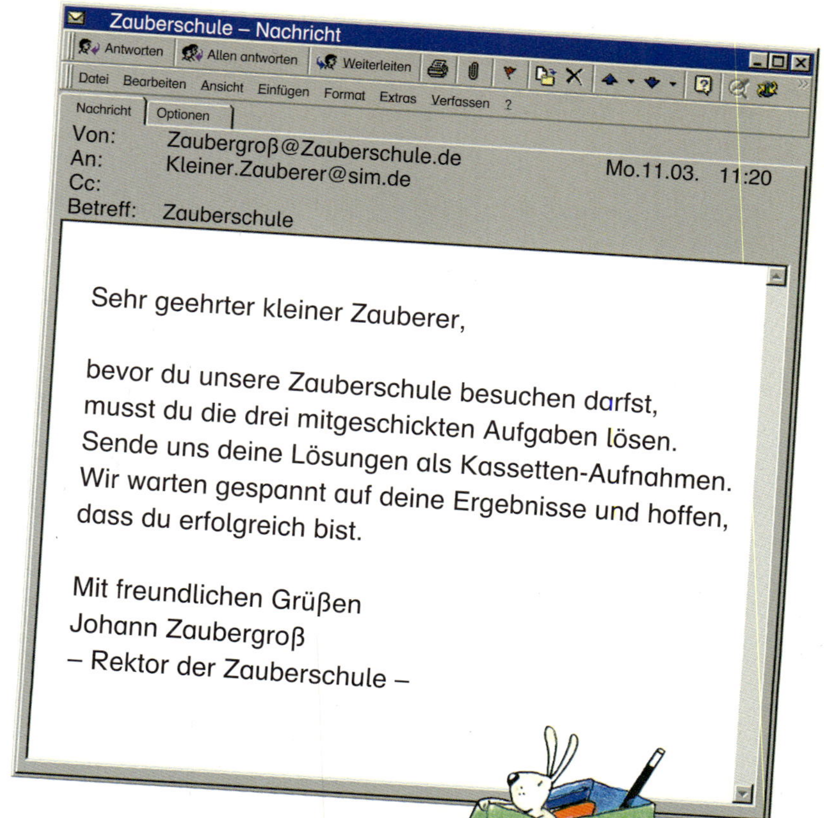
Zauberschule – Nachricht

Antworten | Allen antworten | Weiterleiten

Datei | Bearbeiten | Ansicht | Einfügen | Format | Extras | Verfassen | ?

Nachricht | Optionen

Von: Zaubergroß@Zauberschule.de
An: Kleiner.Zauberer@sim.de
Cc:
Betreff: Zauberschule

Mo.11.03. 11:20

Sehr geehrter kleiner Zauberer,

bevor du unsere Zauberschule besuchen darfst,
musst du die drei mitgeschickten Aufgaben lösen.
Sende uns deine Lösungen als Kassetten-Aufnahmen.
Wir warten gespannt auf deine Ergebnisse und hoffen,
dass du erfolgreich bist.

Mit freundlichen Grüßen
Johann Zaubergroß
– Rektor der Zauberschule –

Der kleine Zauberer möchte so gerne an der Zauberschule aufgenommen werden.
Könnt ihr ihm helfen, die drei Aufgaben zu erfüllen?
Nehmt eure Ergebnisse auf.

AUFGABE 1

Zaubergesang

- Erlerne den Zauberspruch.
- Versuche den Text zu singen.
  Singe zuerst auf einem Ton,
  dann auf mehreren.

Text und Musik:
Karl Foltz

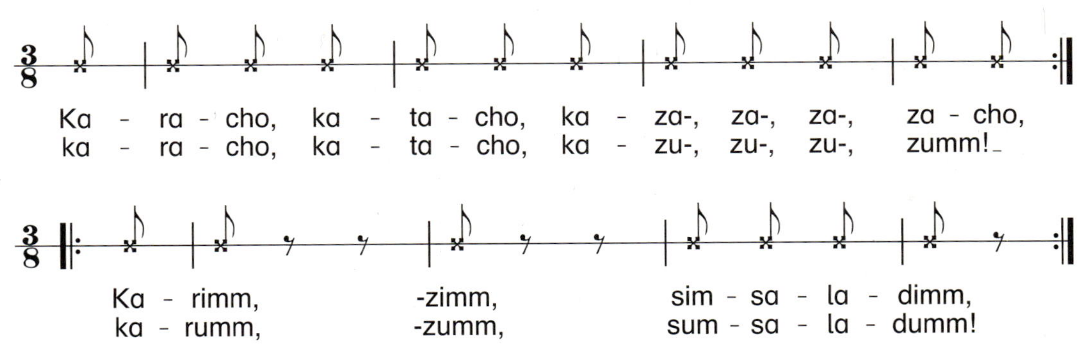

Situation des kleinen Zauberers besprechen. Den Zauberspruch mit deutlich artikulierten Vokalen und Konsonanten bewusst rhythmisch sprechen. Singen des Textes auf einem oder mehreren Tönen (Sprechgesang) mit geheimnisvoller Wirkung. Aufnahme.

AUFGABE 2

Zauberhafte Tanzmusik

- Betrachte die beiden Tanzbilder.
  Stellst du dir die Tanzmusik leise, laut, schnell, langsam, wild oder ruhig vor?

- Erfinde zu diesem Bild eine Tanzmusik, die so beginnt:

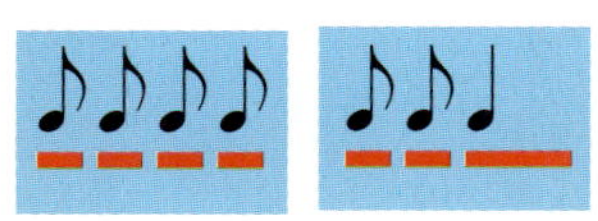

- Erfinde zu diesem Bild eine Tanzmusik, die so beginnt:

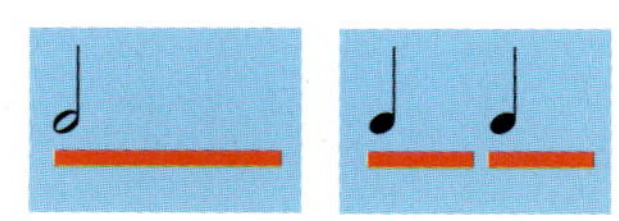

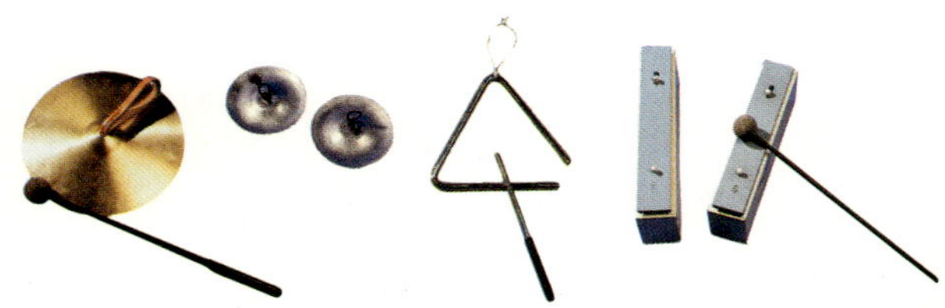

Unterschiedliche Charakteristik der Tanzbilder beschreiben. Mit den abgebildeten Instrumenten experimentieren und zu jedem Bild eine passende Tanzmusik erfinden. Diese aufnehmen, anhören und besprechen.

AUFGABE 3

Zaubertrank-Rap

■ Lerne den Zaubertrank-Rap.

■ Begleite den Rap mit Körperinstrumenten.
Wähle für die Zeilen 3, 4 und 5 selbst Bewegungen aus.

1 In ei – nem al – ten Kü – chen – schrank,

2 da rüh – ren wir den Zau – ber – trank:

3 Nimm ein schwar – zes Kat – zen – haar,

4 dann ein grü – nes So – cken – paar,

5 noch ein we – nig Rü – ben – saft,

6 das gibt dir die Zau – ber – kraft!

Den Zaubertrank-Rap bewusst rhythmisch sprechen und mit (vorgegebenen und selbst gewählten) Körperinstrumenten begleiten. Aufnahme.

Zaubertricks und Zaubersprüche

❶ 11/12

Text und Melodie:
Wolfgang Spode

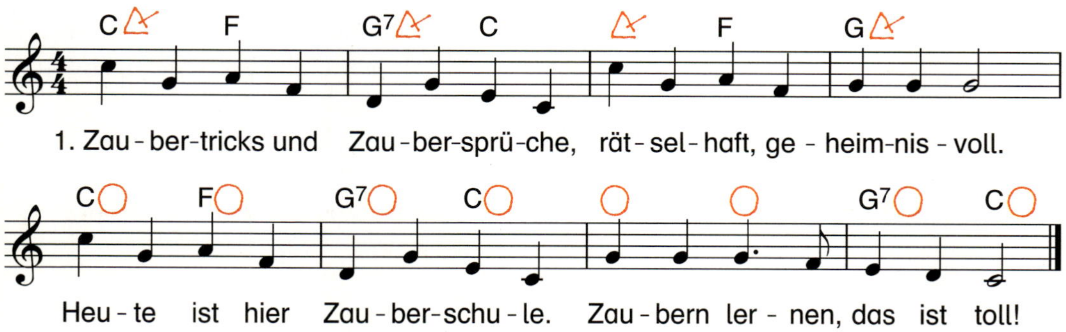

2. Dinge kommen und verschwinden,
sind kaum da – schon sind sie fort.
Es genügt ein Klatschen, Schnipsen
oder nur ein Zauberwort.

3. Aufgepasst – ein Trommelwirbel!
Gleich passiert ein Zaubertrick.
Hokuspokus, schwarzer Rabe,
salabim und Zwetschgenzwick.

■ Spielst du Blockflöte?
Dann versuche doch einmal
die Melodie des Liedes mitzuspielen.

Situation des kleinen Zauberers besprechen. Zaubersprüche rhythmisch sprechen und stimmspielerisch mit Echo- und Hallwirkung im Treppenhaus verfremden, z.B. Sprüche flüstern, Wörter dehnen, Wortteile wiederholen usw. Das Lied singen und begleiten. Zusatzangebot: Liedmelodie auf einem Melodieinstrument mitspielen.

Da steht der Zauberer Schrappelschrut

1 13

Text: Lore Kleikamp,
Melodie: Detlev Jöcker

2. Schrippel-Schrappel-Huckebein, du sollst eine Ente sein. 
3. … jetzt ein Löwe sein. 
4. … jetzt ein Auto sein. 
5. … jetzt ein Flugzeug sein. 
6. … jetzt ein Tänzer sein. 
7. … jetzt ein … sein.

■ Hier wurden zwei kleine Melodien gezaubert. Versuche sie zu singen.

■ Findest du die kleinen Melodien im Lied? Welcher Text gehört dazu?

Lied erlernen und als Spiellied gestalten: Ein Kind verzaubert dabei als Zauberer Schrappelschrut die anderen Kinder. Die grafisch dargestellten Melodieabschnitte mit der Hand zeigen und auf Tonsilben sowie mit dem jeweils passenden Liedtext singen.

Zaubermeister Zarobald

❶ 14

Text und Melodie:
Michael Widmer/Stefan Ölke

Spielt Zauberer und Zauberwald!

Ein Kind ist der Zauberer.
Alle anderen Kinder sind Bäume.
Nach dem Lied schlägt der Zauberer
seinen Zaubergong und
verzaubert damit die Bäume:

Die verzauberten Bäume
bewegen sich so lange,
bis der Zauberer erneut den Gong anschlägt.
Dann wird ein neuer Zauberer ausgewählt.

Lied singen, begleiten und als Spiellied gestalten. Dabei das Becken als Zaubergong verwenden.

- Erzähle, wie die Zauberer sich fühlen.
- Sprich die Zauberworte in den verschiedenen Stimmungen.

- Zu welchem Zauberer passt dieses Lied nach deiner Meinung am besten?

Ose wise wose ❶ 15

Text: mündlich überliefert,
Melodie: Ernst Wieblitz

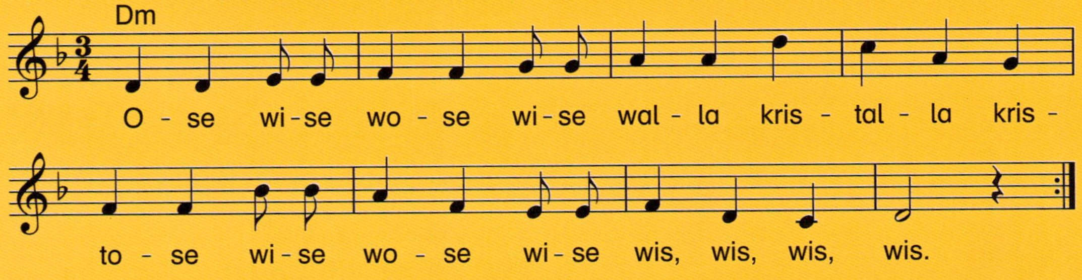

- Erfinde mit einem Nagelspiel ein zauberhaftes Vor- und Nachspiel zum Lied.

Zauberworte in unterschiedlichen Stimmungen sprechen; dabei mit Klangfarben der Vokale experimentieren. Stimmung des Liedes beschreiben.
Mit Anschlagsarten eines selbst gebauten Nagelspiels experimentieren und damit ein Vor- und Nachspiel zum Lied gestalten.

Hexenküche

1 16/17

Text: Max Kruse,
Melodie: Dorothée Kreusch-Jacob

2. Schmier dir die Nasenspitze ein
und stell dich in den Mondenschein.
Und schwebst du nun nicht in die Nacht –
dann hast du was verkehrt gemacht.
Uuh – uuh! …

Zauberzutaten-Spiel

Ein Kind ist der große Zauberer.
Alle anderen Kinder sind
Zauberlehrlinge.
In der Hexenküche stellt
der große Zauberer verschiedene
Zauberzutaten vor:

Je nach Zutat reagieren
die Zauberlehrlinge
mit Erstaunen,
Begeisterung oder Ekel.

Lied singen und Refrain mit dem Becken begleiten.
Unter stimmbildnerischen Aspekten das Zauberzutaten-Spiel zwischen den Liedstrophen einsetzen.

Das Rätsel um Schnecke und Frosch

Instrumentenspiel

1 18/19

Text und Melodie: Wolfgang Spode

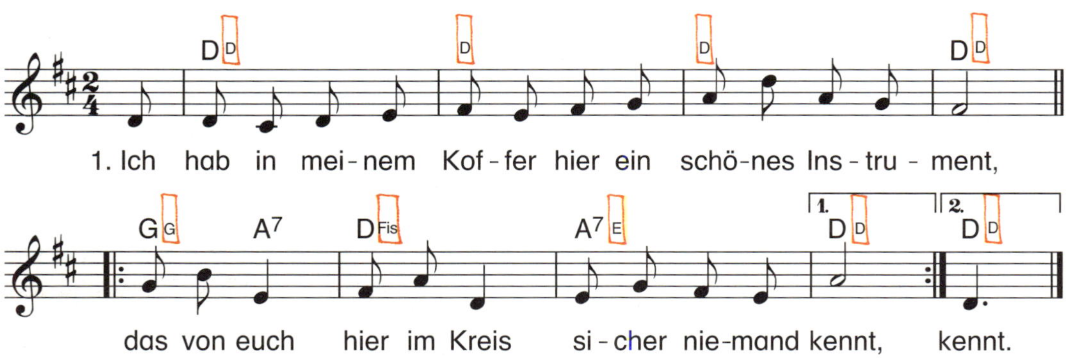

Lied singen und mit Stabspielen oder Klangbausteinen begleiten. Entsprechend des Liedtextes über den möglichen Inhalt des Koffers nachdenken. Wenn möglich, für die Instrumentenerkundung (Seite 20–23) eine Geigerin/einen Geiger in die Klasse einladen.

- Welche Instrumente vermuten die Kinder im Koffer?
- Ahme die Bewegungen der Musikerin nach und benenne das Instrument.
- Denke dir weitere Instrumente aus und zeige, wie sie gespielt werden.

Welche Instrumente vermuten die Kinder im Koffer? Pantomimische Spielweisen nachahmen und die Instrumente benennen.
Zusatzangebot: Weitere Instrumente pantomimisch darstellen bzw. erraten.

Hier siehst du das Instrument
aus dem geheimnisvollen .

Neben und
gehören noch andere Einzelteile
zu der Geige.
Kannst du diese entdecken?

F-Loch (Schallloch)

Wirbel

Schnecke

Steg

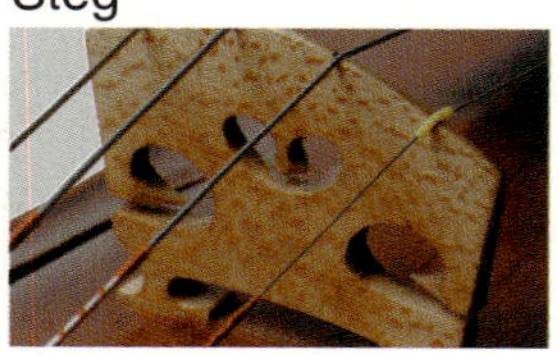

Griffbrett

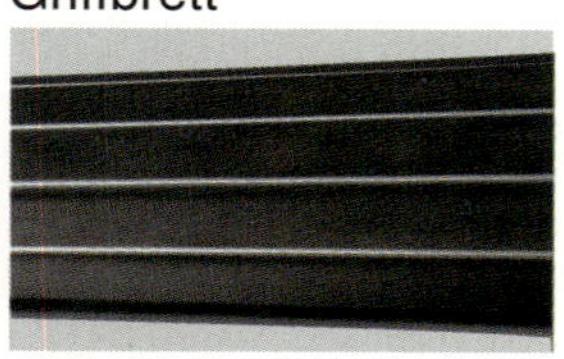

Frosch

■ Von der CD hörst du drei Musikstücke.
Wer spielt wohl welches Stück?

❶ 20–22

Klangeigenschaften, Aussehen und Bezeichnung der Geige spielerisch kennen lernen. Detailfotos beschreiben und dem Gesamtbild zuordnen. Hörbeispiele CD 1/20–22 (E. Grieg: Puck, M. De Falla: El pano moruno, F. Mendelssohn Bartholdy: Ausschnitt Violinkonzert e-moll) den unterschiedlichen Besetzungen zuordnen.

Hier erzählt die [Geige] mit ihren Klängen und Tönen eine Geschichte:

Es war einmal in Spanien, da lebte ein junger Stier, der hieß Ferdinand.
Er saß am liebsten einfach ruhig da und beschnupperte die Blumen.
Draußen auf der Weide hatte er seinen Lieblingsplatz unter einer Korkeiche.

1

All die andern Stiere, die mit ihm auf derselben Weide herangewachsen waren, kämpften miteinander, tagaus, tagein.
Sie stupsten sich ständig mit dem Kopf und rannten mit den Hörnern gegeneinander an.

2

Eines Tages tauchten fünf Männer mit ulkigen Hüten auf, um für die Stierkämpfe in Madrid den größten, wildesten und schnellsten Bullen auszusuchen.

3

❶ 23–26

So nahmen sie Ferdinand auf einem Karren mit zu den Stierkämpfen.
Bald fand der Aufmarsch in der Arena statt.

4

Dann kam der Stier,
und nicht wahr?
Du weißt, wer?
FERDINAND …

(Munro Leaf)

❶ 27

- Von der CD hörst du vier kurze Geigenstücke. Welche Musik passt zu welchem Abschnitt der Geschichte?
- Erzähle, wie die Geschichte weitergehen könnte.
- Hört euch das Ende der Geschichte von der CD an und sprecht darüber.

Die Geschichte von Ferdinand abschnittsweise lesen. Vier kurze Geigen-Solostücke CD 1/23–26 (A. Ridout: Ferdinand) den Leseabschnitten 1–4 zuordnen.
Das (friedliche!) Ende der Geschichte weitererzählen und von der CD 1/27 hören; kritische Auseinandersetzung mit der Thematik.

Das Quintett ❶ 28/29

Text und Melodie: Klaus W. Hoffmann
nach einem traditionellen engl. Kinderlied

■ **Wer spielt was?**
Dichte eine zweite Liedstrophe.

Hei, dello, dello, die ? streicht ,

der ? spielt .

Die ? zupft die ,

das ? bläst das 

und die ? spielt .

■ **Ersetze im ganzen Lied die Tiernamen durch die Tierstimmen.**

Hei, didel, didel, die
spielt Fidel …

Liedinhalt der ersten Strophe mithilfe der Illustration erschließen/nachvollziehen. Lied singen und begleiten.
Mithilfe vorgegebener Instrumente und Tiere eine weitere Liedstrophe dichten. Alle im Lied vorkommenden Tiernomen durch stimmliche Imitation ersetzen.

Ich brauche kein Orchester

1 30/31

Text und Melodie: Wolfgang Spode

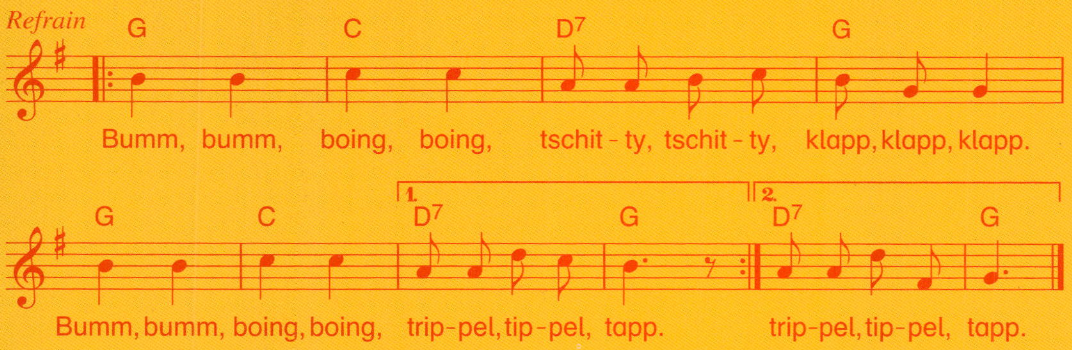

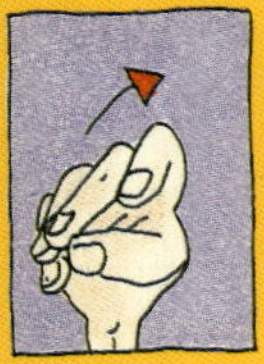

2. Ich brauche kein Orchester,
ich hab Musik im Blut.
Ich schnipse mit den Fingern,
das klingt besonders gut.
Bumm, bumm, boing, boing …

4. Ich brauche kein Orchester,
ich hab Musik im Blut.
Ich reibe meine Ohren,
das klingt besonders gut.
Bumm, bumm, boing, boing …

3. Ich brauche kein Orchester,
ich hab Musik im Blut.
Ich klatsche in die Hände,
das klingt besonders gut.
Bumm, bumm, boing, boing …

5. Ich brauche kein Orchester,
ich hab Musik im Blut.
Ich patsche auf die Knie,
das klingt besonders gut.
Bumm, bumm, boing, boing …

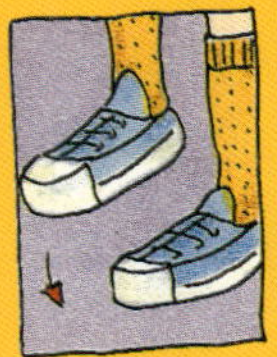

6. Ich brauche kein Orchester,
ich hab Musik im Blut.
Ich stampfe mit den Füßen,
das klingt besonders gut.
Bumm, bumm, boing, boing …

Zunächst die einzelnen Strophen des Liedes mit ihren verschiedenen Klanggesten kennen und singen lernen.
Zum (immer gleich bleibenden) Refrain eine feste Klanggestenfolge erlernen und ausführen.

Tibor, hol deine Geige

❶ 32/33

Text und Melodie:
Günther Kretzschmar

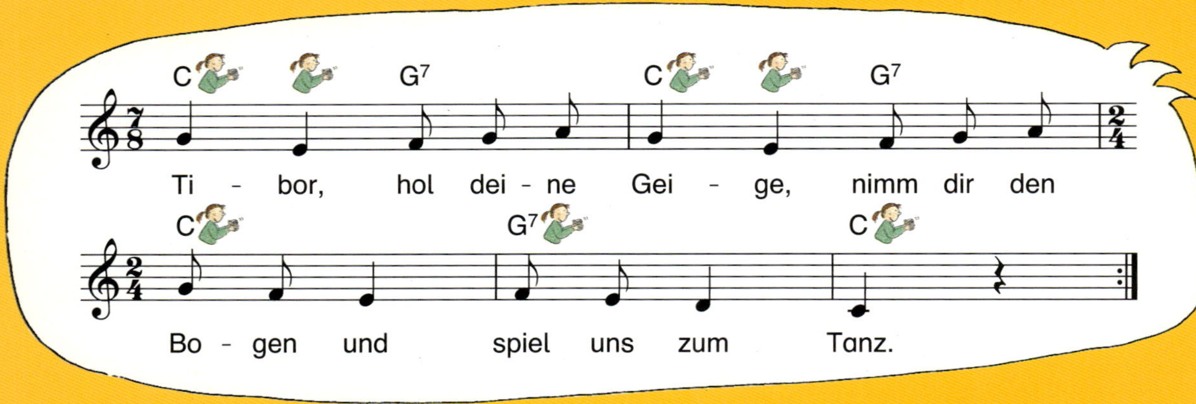

Abschnitte des Liedes nacheinander kennen und – gemeinsam oder auch solistisch – singen lernen.

■ Spielt das Lied.
Wählt ein Kind als Tibor aus.

■ Welche Instrumente
könnte sich Tibor noch holen?

Tibor, hol dir die  ...

Tibor, hol dir das  ...

■ Singt und spielt das Lied auch
mit diesen Instrumenten.

Das Lied als Spiellied gestalten. Mithilfe der rhythmischen Bausteine weitere Strophen dichten.
Das „Tibor"-Kind spielt die letzten Liedzeilen im Sprechrhythmus auf seinem Instrument mit.

Katzenstimmen

Unsere Katze … ❶ 34/35

Text und Melodie: mündlich überliefert aus Polen,
deutscher Text: Irmgard Merkt

1. Stimme: Un - se - re Kat-ze sitzt auf dem Zaun … *4-mal*

C G C

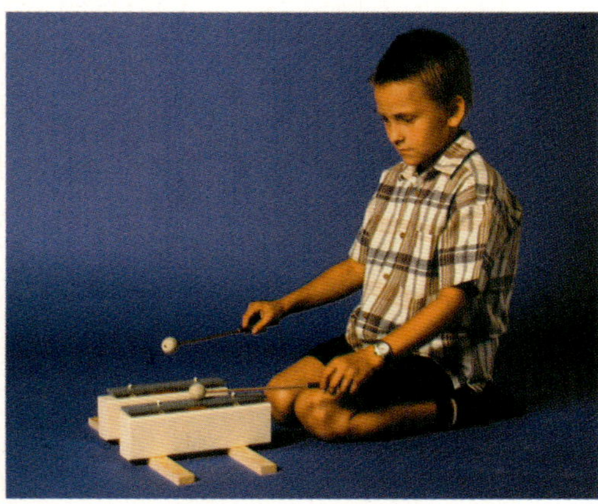

2. Stimme: Un - se - re Kat-ze sitzt auf dem Zaun … *4-mal*

E H E

Deutschen und polnischen Liedtext rhythmisch sprechen, dann singen. Verbesserung der Treffsicherheit und des Anschlags auf Stabspielen.

Textgebundenes ein- oder – als Zusatzangebot – zweistimmiges Begleiten des Liedes mit Stabspielen oder Klangbausteinen.

- Ordne verschiedene Katzenstimmen von der CD den Fotos zu.
- Ahme mit der Stimme eine dieser Katzen nach und versuche deinen Laut aufzuschreiben.

- Lass andere Kinder raten, welche Katze du bist.
- Spiele mit einem anderen Kind ein Katzengespräch. Nehmt dieses auf Kassette auf.

1 36–39

Unterschiedliche Katzenstimmen (CD 1/36–39) den Katzenfotos zuordnen. Im Experiment mit der eigenen Stimme Laute der Katzen nachahmen, grafisch notieren und zu einem Katzengespräch zusammenfügen. Dieses aufnehmen, anhören und besprechen.

Für einen guten Freund, den Geiger Joseph Joachim, hat der Maler Moritz von Schwind diese „Katzenmusik“ geschrieben. Obwohl Joseph Joachim ein Meister auf der Geige war, konnte er das Musikstück nicht spielen. Kannst du dir denken, warum?

■ Suche die folgende Zeile in den Katzennoten.

■ Wie klingen für dich die Katzen dieser Zeile?

■ Suche diese Katzen in den Katzennoten und mache ihre Haltung nach. Lass ein anderes Kind raten, welche Katze du bist.

Katzennotation beschreiben und die Katzen der Einzelzeile charakterisieren. Katzenbewegungen imitieren.

Auch der Komponist Gioacchino Rossini
hat ein Katzengespräch aufgeschrieben.
Dieses Gespräch kannst du auf der CD hören.
Rossini nennt sein Katzengespräch „Katzen-Duett“.
Da dieses Gespräch zwischen zwei Partnern nicht gesprochen,
sondern gesungen wird, heißt es Duett.

■ Höre dir das Katzen-Duett von der CD ganz genau an.
Was haben sich die Katzen wohl zu sagen?

■ Höre den Anfang des Duetts noch einmal an und zeige die Melodie mit der Hand mit.

❶ 40/41

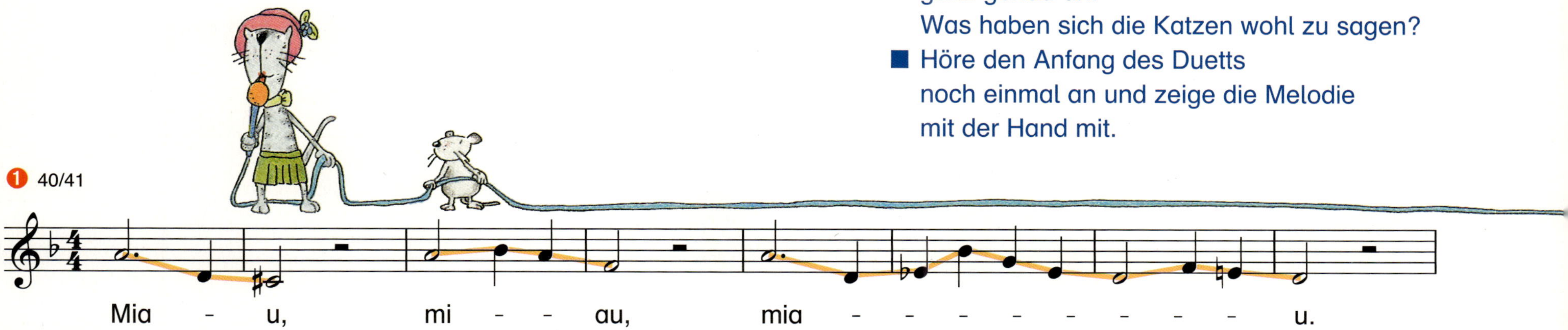

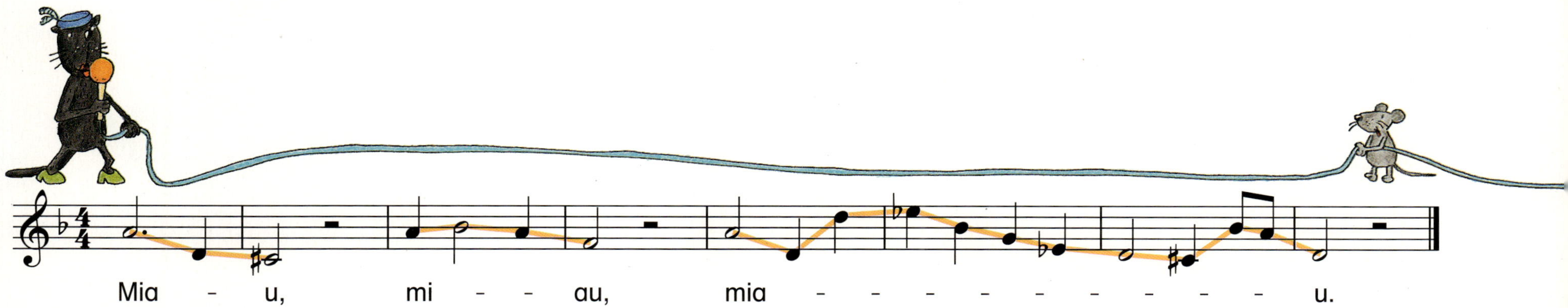

■ Bastle dir aus Pappe einen Katzenkopf.

■ Spiele mit einem anderen Kind passend zur Musik ein Katzen-Gespräch.

Das Hörbeispiel CD 1/40 (G. Rossini: Katzen-Duett) hören. Die Höreindrücke beschreiben. Melodieverlauf am Anfang des Katzenduetts (CD 1/41) mit der Hand zeigen und in der Notation mitverfolgen. Mit Katzenköpfen zur Musik ein Katzen-Gespräch spielen.

Der Katzentatzentanz

1. 42/43

Text und Melodie:
Fredrik Vahle

Lied singen und mit verteilten Rollen spielen. Den Solotanz der Katze abwechslungsreich und fantasievoll gestalten.
Was könnten die einzelnen Tiere der Katze ins Ohr flüstern, damit sie doch mit ihnen tanzt?

2. Guck, die Katze tanzt allein, tanzt und tanzt auf einem Bein.
Kam der Hase zu der Katze: „Bitte, reich mir deine Tatze!“
„Mit dem Hasen tanz ich nicht. Ist mir viel zu zappelig!“
Doch der Hase neigt sich vor …

3. Guck, die Katze tanzt allein, tanzt und tanzt auf einem Bein.
Kam der Dackel zu der Katze: „Bitte, reich mir deine Tatze!“
„Mit dem Dackel tanz ich nicht. Ist mir viel zu wackelig!“
Doch der Dackel neigt sich vor …

4. Guck, die Katze tanzt allein, tanzt und tanzt auf einem Bein.
Das Gespenst kam zu der Katze: „Bitte, reich mir deine Tatze!“
„Mit dem Gespenst, da tanz ich nicht. Ist mir viel zu gruselig!“
Doch das Gespenst, das neigt sich vor …

5. Guck, die Katze tanzt allein, tanzt und tanzt auf einem Bein.
Kam der Kater zu der Katze, leckte ihr ganz lieb die Tatze,
streichelt sie und küsst sie sacht und schon hat sie mitgemacht.

Schlussteil der 5. Strophe

Durch die Zuordnung von Tieren und bestimmten Eigenschaften – oder als Zusatzangebot auch ganz frei – neue Liedstrophen dichten.
Diese singend und spielend nach der vierten Strophe einfügen.

Katzenkarneval ❶ 44/45

Text: Tony Gehling,
Melodie: Klaus Holthaus

2. Heute bin ich eine Katze,
tret dir auf die große Tatze,
springe über Tisch und Bank,
stör mich nicht an dem Gezank.

3. Heute bin ich eine Katze,
spiegel mich in Opas Glatze.
Rede nicht, wenn man mich fragt.
Hör auf nichts, was man mir sagt.

4. Heute bin ich eine Katze,
mach viel Lärm bei dem Gekratze.

Schlussteil der 4. Strophe

■ Begleitet das ganze Lied so:

■ Wählt für  und  ein jeweils passendes Instrument aus.

■ Begleitet das Lied mit den Instrumenten.

Lied singen und mit (Körper-)Instrumenten rhythmisch begleiten.

Manchmal wär ich gern ...

Manchmal wär ich gern
eine freche Katze.

Dann renne ich durch die Wohnung

und werfe alles runter,
was nicht niet- und nagelfest ist.

Ich springe ins Aquarium
und hole mir den dicksten Fisch.

Wenn die Eltern heimkommen,
rufen sie:
„Ogottogottogottogott!“

Aber sie können mir nichts tun,
denn sie erwischen mich nicht,
und alle haben Angst
vor meinen scharfen Krallen.

(Erhard Dietl)

- Lest das Gedicht und malt zu jedem Abschnitt ein Bild.
- Wählt zu jedem Bild ein Instrument aus, mit dem ihr die Klänge und Geräusche gut darstellen könnt.

- Spielt die Bildergeschichte mit euren Instrumenten und Stimmen.

In (Sechser-) Gruppen zu jedem Textabschnitt ein Bild malen. Die jeweils dargestellte Szene mit Instrumenten und den eigenen Stimmen klanglich darstellen. Die einzelnen Klangszenen zu einer Klanggeschichte zusammensetzen.

Kalle hört gern Rock 'n' Roll

Auf dem Weg zur Schule
entdeckt Kalle viele Plakate.

- Beschreibe die Plakate, die er sieht.
- Höre dir von der CD drei kurze Musikstücke an. Welches Stück passt zu welchem Plakat?
- Findest du zu einem anderen Plakat eine passende Musik? Dann bringe diese mit.

1 46–48

Anhand der Plakate beschreiben, zu welchen Anlässen Musik im Alltag u.a. hörbar ist. Die Hörbeispiele CD 1/46–48 (Ausschnitte aus: W.A. Mozart: Konzert für Flöte und Orchester Nr.1 G-Dur, D. Gibson: Journey with the whales, G. Pommer: De Kletzmer) einzelnen Plakaten zuordnen. Zu weiteren Plakaten Hörbeispiele mitbringen.

In der Klasse überlegen die Kinder, welche Musik sie am liebsten hören. Sie erzählen von verschiedenen Festen, Konzerten und Veranstaltungen und berichten, welche Musik sie wo gehört haben.

- Welche Musik hörst du am liebsten? Schreibe, male oder klebe etwas über deine Lieblingsmusik auf.
- Stelle deine Lieblingsmusik in der Klasse vor.

Lieblingslied/Lieblingsmusik in der Klasse vorstellen und erzählen bzw. aufschreiben, warum gerade diese Musik gefällt.
Dabei unterschiedliche Arten von Musik bewusst wahrnehmen und beschreiben.

Kalle hört gern Rock 'n' Roll ❶ 49/50

Text: Klaus W. Hoffmann,
Melodie: Rudi Mika

2. Papa sagt: „Mensch, das hält ja keiner aus!
Dein Gedudel schallt durchs ganze Haus."
Papa findet Whitney Houston toll,
doch Kalle hört gern Rock 'n' Roll.
Papa sagt: „Mensch, das hält ja keiner aus!"

4. Opa sagt: „Rock-Musik ist mir ein Gräuel,
klingt wie Presslufthammer und Geheul."
Opa findet Heino toll,
doch Kalle hört gern Rock 'n' Roll.
Opa sagt: „Rock-Musik ist mir ein Gräuel."

3. Schwester sagt: „Ich mag nicht was rockt und popt!
Solche Sachen sind total bekloppt!"
Schwester findet Bach und Mozart toll,
doch Kalle hört gern Rock 'n' Roll.
Schwester sagt: „Ich mag nicht was rockt und popt!"

5. Oma sagt: „Rock 'n' Roll gefällt mir auch."
Schwingt gekonnt die Hüften und den Bauch.
Oma fand schon damals Elvis toll,
hört wie Kalle Rock 'n' Roll.
Oma sagt: „Rock 'n' Roll gefällt mir auch."

- Erzähle, welche Musik Kalle, seine Mama, sein Papa, seine Schwester, sein Opa und seine Oma mögen.

- Sind auch in deiner Familie die Vorlieben so unterschiedlich? Erzähle davon.

Kalles Lieblingslied aufgrund rhythmischer Besonderheit zunächst sprechen, dann (auch mithilfe der CD) singen.
Über verschiedene musikalische Vorlieben (in Kalles Familie und auch in der eigenen Familie) sprechen; Toleranz anbahnen.

Oma und Kalle zeigen euch,
wie ihr zu dem Lied tanzen könnt.

■ Probiert die Tanzfiguren aus.

■ Erfindet auch eigene Bewegungen zum Lied.
Ein Kind tanzt vor, ein anderes Kind
tanzt wie ein Schatten nach.

❶ 49

Den Rock 'n' Roll-Rhythmus des Liedes bewusst wahrnehmen und zum Hörbeispiel CD 1/49 in Bewegung umsetzen.
Übernahme und Erprobung verschiedener Paartanzfassungen.

Kennst du
Pippilotta
Viktualia
Rollgardina
Pfefferminz
Efraimstochter
Langstrumpf?
Dann erzähle von ihr.

Auch Pippi hat ein besonderes Lieblingslied. Höre dir das Lied von der CD an und singe mit.

Hey, Pippi Langstrumpf ❷ 1

Text und Melodie:
K. Elfers, J. Johansson, W. Franke

2. Drei mal drei macht sechs,
wide, wide, wer will's von mir lernen?
Alle, Groß und Klein, tralalala,
lad ich zu mir ein.

Pippis Lieblingslied (CD 2/1) hören und mitsingen.
Anstrengungsfreie Tongebung in hohen Tonlagen durch Singen verschiedener Glissandi (Stimme auf- und abwärts gleiten lassen) vorbereiten.

3. Zwei mal drei macht vier,
   wide, wide, witt und drei macht neune.
   Wir machen uns die Welt,
   wide, wide, wie sie uns gefällt.

4. Drei mal drei macht sechs,
   wide, wide, wer will's von uns lernen?
   Alle, Groß und Klein, tralalala,
   lad ich zu uns ein.

- Pippi ist ein besonderes Kind.
  Sie sieht anders aus,
  sie benimmt sich anders und
  mag andere Sachen.
  Erzähle davon.
  Wenn du magst,
  lies noch einmal genau nach.

- Was magst du an Pippi, was magst du nicht an ihr?
  Und wie bist du?

Anhand der Fotos und weiteren mitgebrachten Materialien über Pippi Langstrumpf mit all ihren Vorlieben, ihren Eigenarten, ihrem Anderssein sprechen.

Wer ge - hört zu die - ser Run - de?

Ich, du, er, sie.

Wer spielt mit in die - ser Stun - de?

Wir, ihr, al - le hier!

Anders als du ❷ 2

Text: Robert Metcalf,
Rhythmus: Reinhold Wirsching

Ich bin an - ders als
Du bist an - ders als
Er ist an - ders als

Sie.

Sie ist an - ders als
Er ist an - ders als
Du bist an - ders als

Ich. (…) Na und?

Das macht das Le - ben e - ben

bunt!

■ Sprecht das Stück und begleitet es mit Körperinstrumenten.

Sprechvers (Wer gehört zu dieser Runde?) mit verteilten Rollen bewusst rhythmisch sprechen.
Das rhythmische Gedicht (Anders als du) gemeinsam sprechen und mit Körperinstrumenten im Metrum begleiten.

Ich gebe dir die Hände ❷ 3/4

Text: Rolf Krenzer,
Melodie: Ludger Edelkötter

2. Wir bauen eine Brücke
vom Mensch zum Menschen dann
mit Liebe und mit Zuversicht.
Vertraue dich mir an!
Wir halten uns die Hände
und woll'n die Brücke bau'n,
dass du und ich, dass ich und du
einander stets vertrau'n.
La la …

3. So stark wird diese Brücke
vom Mensch zum Menschen sein.
Und wenn wir fest zusammensteh'n,
dann stürzt sie niemals ein.
Wir halten uns die Hände
und woll'n die Brücke bau'n,
dass du und ich, dass ich und du
einander stets vertrau'n.
La la …

Lied im Kreis singen. In Verbindung mit der Seite 42 kritische Auseinandersetzung mit der Thematik.

Haydn und der Detektiv

Wie an jedem Tag setzte sich Joseph Haydn an seinen Schreibtisch um zu komponieren. Ein Gegenstand in seinem Arbeitszimmer brachte ihn auf die Idee, dafür eine eigene Sinfonie zu schreiben. Kannst du in der Musik hören, an was der Komponist gedacht hat? ❷ 5

Die Situation beschreiben. Das Hörbeispiel CD 2/5 (Ausschnitt aus J. Haydn: Sinfonie Nr. 101 „Die Uhr“) hören. Instrumente, Höreindrücke usw. beschreiben. Dadurch herausfinden, durch welchen Gegenstand in seinem Zimmer sich Haydn hat inspirieren lassen.

■ Bastle dir ein Zupfinstrument und erfinde damit eine Zupfmusik.

■ Spiele mit diesem Instrument zu der Musik von Joseph Haydn.

Wann zupfst du dein Instrument?

Wann lässt du die Bänder schweben?

■ Versuche aufzumalen, wann du zupfst und wann du die Bänder schweben lässt.

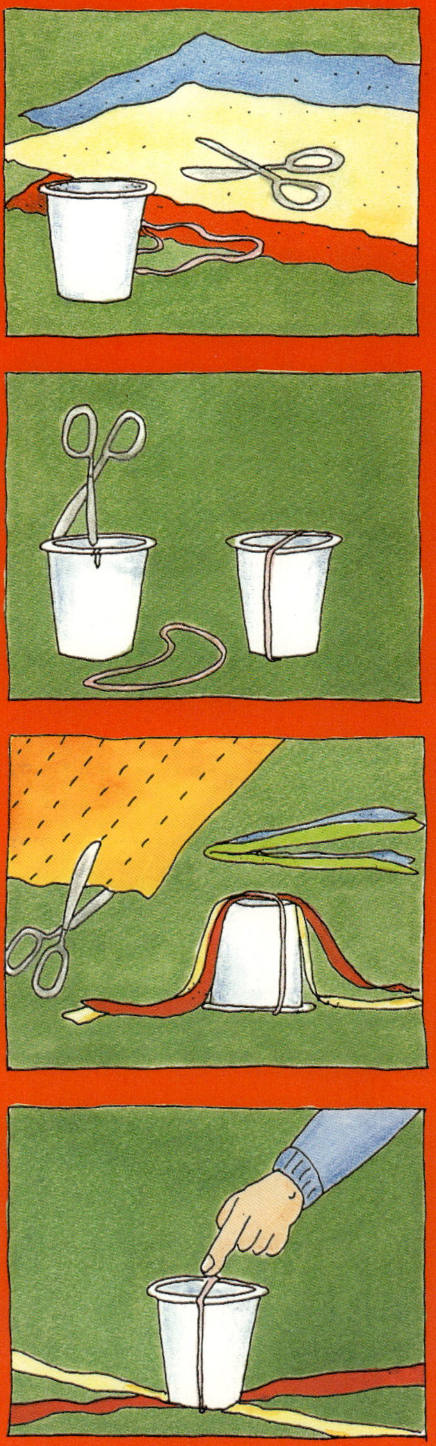

Zupfinstrument basteln, mit den Klängen experimentieren und eine Zupfmusik gestalten. Zum Hörbeispiel CD 2/5 (Ausschnitt aus J. Haydn: Sinfonie Nr. 101 „Die Uhr") das Ticken der Uhr mitzupfen, das Ende der Phrase durch Schwingen anzeigen. In einer grafischen Notation die mitgespielte Struktur des Stückes festhalten.

Allein-Lied

❷ 6/7

Text und Melodie:
Christa Zeuch

2. An der Wand, ganz nah bei mir,
schnauft ein schwarzes Schattentier.
Schnell die Leselampe an,
dass es mich nicht fressen kann.

3. Ob mein Wecker richtig geht?
Ist es wirklich schon so spät?
Hunger hab ich und auch Durst,
mag ein Brot mit Leberwurst.

4. Doch ich trau mich nicht hinaus,
denn jetzt knackt was durch das Haus!
Schlüssel klappern hell und blank –
Mama, Papa, Gott sei Dank!

■ Singe das Lied und zeige
die Melodie mit der Hand mit.

■ Spielst du Blockflöte oder Geige?
Dann kannst du nach jeder Liedstrophe
ein kleines Zwischenspiel spielen.

Liedtext rhythmisch (sehr geheimnisvoll/ängstlich) sprechen. Abschnittsweise die Melodie erlernen; dabei den Tonhöhenverlauf der Melodie mit der Hand zeigen. Zusatzangebot: Zwischen den Strophen mit einem Melodieinstrument (z.B. Blockflöte oder Geige) ein kurzes Zwischenspiel gestalten.

■ Welche Uhrenreihe gehört zu welcher Liedzeile?

■ Warum gibt es für die vier Liedzeilen nur drei Uhren-Bausteine?

■ Versuche den grünen und gelben Baustein zu spielen.

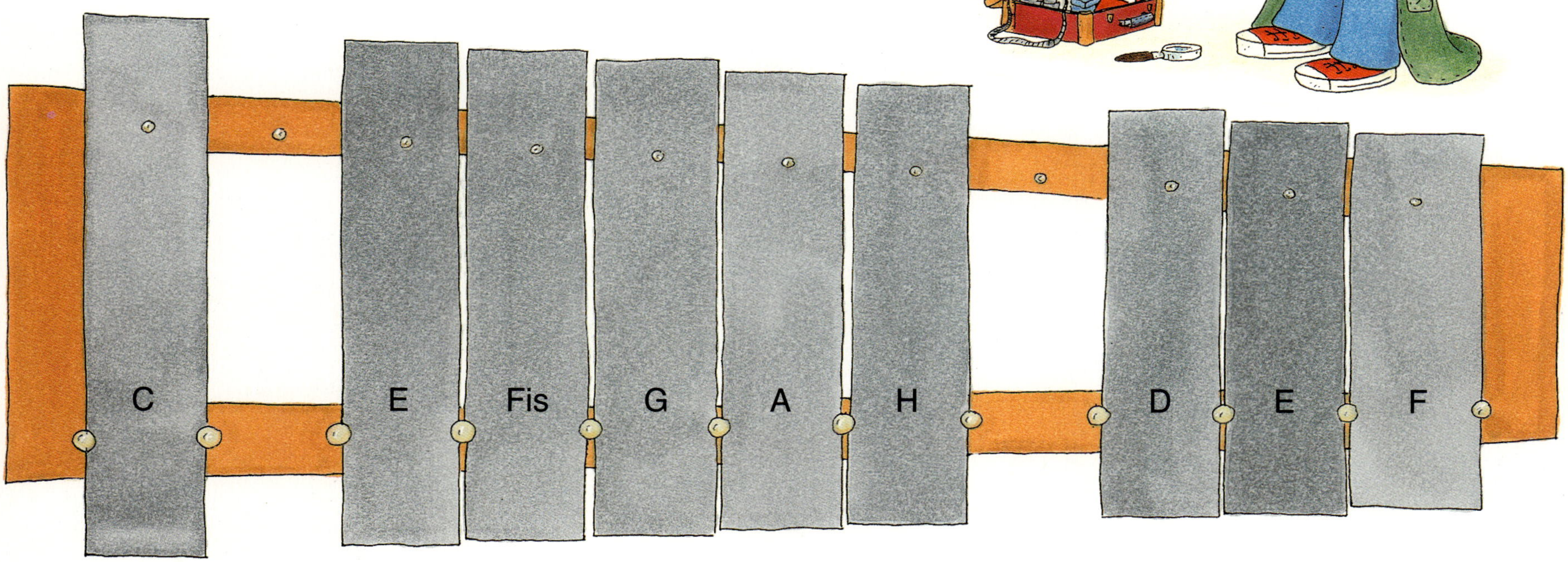

Die Melodiebausteine (summend und auf Tonsilben singend) erkunden und den Liedzeilen der Seite 46 zuordnen; dabei die melodiöse Wiederholung der ersten Liedzeile besprechen. Richtige Schlägelführung wiederholen. Die grafischen Notationen des grünen und gelben Bausteins auf dem Mitspielinstrument umsetzen.

Eine große Uhr

2 8/9

Text und Melodie:
Marianne Steffen-Wittek

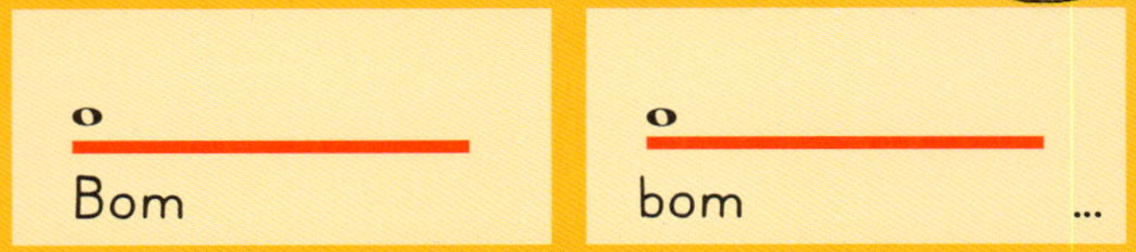

2. Der Wecker steht am Bett.
Er weckt mich, das ist nett.
Und leg ich mich zur Ruh,
dann höre ich ihm zu:

Das Lied strophenweise kennen lernen. Das Schlagen der verschiedenen Uhren (in Ganzen, Halben und Vierteln) sprachlich, in der Bewegung sowie – mithilfe der rhythmischen Bausteine – instrumental aufgreifen.

3. Die kleine Armbanduhr
trag ich am Tage nur.
Wenn ich sie hören will,
dann bin ich ganz, ganz still:

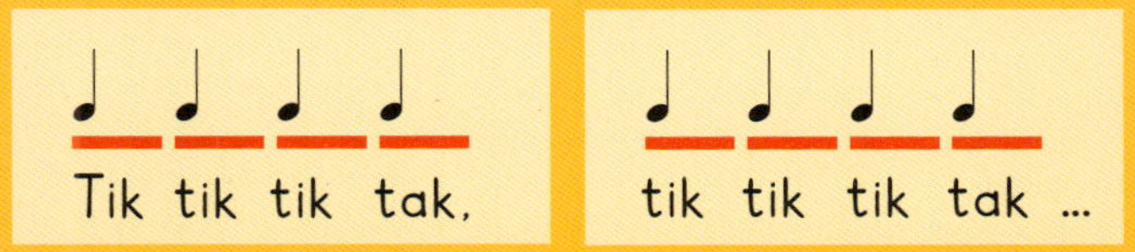

4. Uhren ticken schnell,
langsam, dunkel, hell.
Jetzt hört ihr, wie es klingt,
wenn jedes Uhrwerk schwingt:

■ Wie klingen alle Uhren zusammen?
Spielt erst zwei, dann drei Uhren gleichzeitig.

Nach der vierten Liedstrophe alle Uhren – sowohl nacheinander als auch gleichzeitig – erklingen lassen.
Sprachliche Hilfestellung nach und nach weglassen, bis nur noch die Uhren-Instrumente zu hören sind.

Dracula Rock 'n' Roll ❷ 10

Text und Melodie:
Fredrik Vahle

■ Suche dir für einzelne Textteile eine ganz besondere Bewegung heraus.

■ Tanze das ganze Lied wie Graf Dracula.

Das Lied – zunächst in langsamem Tempo – singen und mit der (unten abgebildeten) Klanggestenfolge im Metrum begleiten.
Für einzelne Textteile besondere (Klang-)Gesten erarbeiten und diese in die fortlaufende Begleitung einbauen.

Die Jahreszeiten

Ich hab den Herbst im Korb

- Erzählt, was es auf diesem Markt alles zu kaufen gibt.
- Seht euch den Einkaufszettel genau an. Was könnte sich das Mädchen auf dem Markt kaufen?

Marktsituation beschreiben und von eigenen Markterlebnissen berichten. Ausgewählte Obst- und Gemüsenamen bewusst rhythmisch sprechen. Zu den rhythmischen Bausteinen des Einkaufszettels vier passende Obst- oder Gemüsesorten auswählen, die das Kind kauft.

Refrain:

Auf dem Markt, da war es toll

und mein Korb, der ist ganz voll.

Strophe:

1. Äpfel, Gurken, Paprika
2. Weintrauben und Pflaumen
3. Tomaten, Birnen, Lauch
4. Gelbe Rüben, Rosenkohl

– das schmeckt auch.

– und du fühlst dich richtig wohl.

– sind für die Gesundheit da.

– himmlisch für den Gaumen.

■ Die Strophen des Jungen sind durcheinander geraten. Findet ihr passende Reime? Sprecht diese und spielt mit Instrumenten mit.

■ Was sagt das Mädchen? Sprecht den Text und begleitet ihn so, wie die Kinder es zeigen.

Einen „Marktrap" gestalten. Dazu den Text des Refrains rhythmisch sprechen und mit Körperinstrumenten begleiten. Die Strophen aus je zwei Textteilen reimend zusammensetzen, rhythmisch sprechen und mit Instrumenten begleiten. Zusatzangebot: Den Rap durch das Dichten eigener Strophen erweitern.

Erntedank ❷ 11

Text: mündlich überliefert,
Melodie: Manfred Bauer

Du, un - ser Gott, hast das Brot uns ge - schenkt, Son - ne und Re - gen so gü - tig ge - lenkt.

D E Fis G A G D G

Dir sei ge - dankt zu je - der Zeit. Du seist ge - lobt in E - wig - keit.

■ Begleitet das Erntedank-Lied auf dem Xylophon.
Seht euch auf dem Foto noch einmal genau die richtige Schlägelhaltung an.

Lied über das Vor- und Nachsingen erlernen. Textgebundenes Begleiten des Liedes auf dem Xylophon.
Verbesserung der Schlägelhaltung und -führung sowie des Anschlags.

- Schmückt zu zweit einen kleinen Korb.
- Hört euch von der CD einen Erntetanz aus Brasilien an und tanzt mit eurem Korb zu der Musik.

2 12

Paarweise einen kleinen Erntekorb mit Bändern schmücken und zum Hörbeispiel CD 2/12 (Balajo – Erntetanz aus Brasilien) tanzen. Im A-Teil mit dem Korb durch den Raum gehen, im B-Teil den Korb abstellen und in verschiedenen Paartanzfassungen um diesen herum tanzen.

Dün pazara uğradım (Herbstmarkt)

❷ 13/14

Text und Melodie: aus der Türkei,
deutscher Text: S. Unterberger

2. Auch Kartoffeln, Paprika, lagen schon zum Kauf bereit,
und Verkäufer riefen da: „Alles gibt's fast gratis heut!" Lay lay …

3. Auch ein Alter kaufte ein: Pfefferminzkraut Bund um Bund.
Aβ Kastanien obendrein, brannte sich dabei den Mund. Lay lay …

4. Rings die einst so grüne Flur war nun gelb, soweit ich sah.
Und in wen'gen Wochen nur liegt schon Schnee am „Uludah*". Lay lay …

* Der Uludağ (sprich: Uludah) ist ein hoher Berg in der Türkei.
Im Winter kann man dort Schi fahren, im Sommer wird Obst und Gemüse angebaut.

2. Biberle havuç satan, etrafına bağıran,
müşteriyi çağıran bir çok satıcı gördüm. Lay lay …

3. Ah neler gördüm, neler! Demet demet naneler,
patlanış kestaneler alan ihtiyar gördüm. Lay lay …

4. Aldım muz ile meyva, sarardı yeşil ova.
Soğudu artık hava; Uludağ* da kar gördüm. Lay lay …

Deutschen und türkischen Liedtext (auch mithilfe der Aufnahme CD 2/13) sprechen und singen lernen.

■ Begleitet die beiden Liedteile unterschiedlich:

■ Erfindet mit den Tönen D, E, F, G und A kleine Melodien.
Spielt diese am Ende jeder Liedstrophe.

Zur Strophe und zum Refrain verschiedene rhythmische Bausteine mit (Körper-)Instrumenten erarbeiten; diese als ostinate Begleitformel zum Lied spielen.
In einem freien Klangspiel am Metallophon kleine Melodien erfinden und diese im Anschluss an jede Strophe spielen.

Komm, stell dich … ❷ 15/16

Text und Melodie:
Dorothée Kreusch-Jacob

2. Komm, lass dich einfach treiben im Wind!
Dann spielen wir, dann spielen wir,
dass wir zwei Segelschiffe sind.

3. Komm, lass die Haare zausen im Wind!
Dann spielen wir, dann spielen wir,
dass wir zwei Struwwelpeter sind.

4. Komm, lass die Arme fliegen im Wind!
Dann spielen wir, dann spielen wir,
dass wir zwei schnelle Vögel sind.

5. Komm, mach dich leicht und weich im Wind!
Dann spielen wir, dann spielen wir,
dass wir zwei weiße Wolken sind.

Inhalt des Liedes mithilfe der Bilder erschließen/nachvollziehen.
Zu zweit verschiedene Bewegungsmöglichkeiten zu jeder Strophe erproben und diese zum Lied ausführen.

Ich geh mit meiner Laterne ❷ 17

Text und Melodie:
mündlich überliefert aus Holstein

Refrain

Strophe

Ich geh mit meiner Laterne …
2. Ein Lichtermeer zu Martin's Ehr,
rabimmel, rabammel, rabumm.

Ich geh mit meiner Laterne …
3. Wie schön das klingt, wenn jeder singt,
rabimmel, rabammel, rabumm.

Ich geh mit meiner Laterne …
4. Mein Licht ist aus, wir geh'n nach Haus,
rabimmel, rabammel, rabumm.

- Hier siehst du zwei kleine Melodien.
  Versuche diese zu singen.
- Welcher Liedtext gehört zu welcher Laternenreihe?

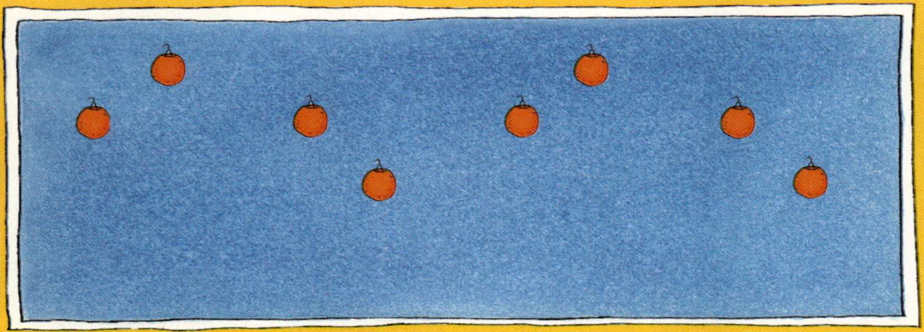

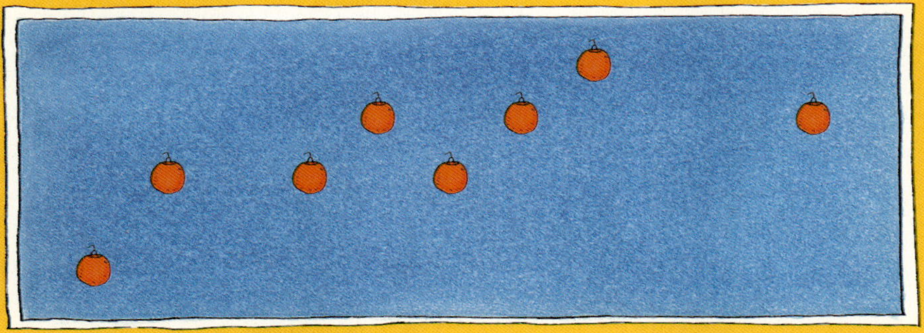

Ich geh
mit meiner Laterne …

Der Martinsmann,
der zieht voran …

Lied erlernen. Die beiden grafischen Melodieverläufe mit der Hand zeigen und auf Tonsilben singen.
Anschließend den jeweils passenden Liedtext zuordnen.

Eine Geschichte vom Nikolaus

„Wie schnell so ein Jahr herum ist!“,
sagt der heilige Nikolaus.
Er steckt den Kopf in eine Schüssel voll
Seifenschaum und wäscht sich Haare und
Bart. (…)
Alles ist schon bereit für die große alljährliche
Nikolaus-Tour. Wenn Bart und Haare trocken
sind, geht es los.
Da fährt ein Luftzug zum offenen Fenster
herein und nimmt die Bischofsmütze mit.
Der heilige Nikolaus merkt nichts davon,
er hat Augen und Ohren voll Seifenschaum.
Erst als er sich das Gesicht abgewischt hat,
sieht er, was passiert ist.
„Ach, du heiliger Schreck!“, ruft er.
„Ich muss den Hut unbedingt wiederhaben.
Ohne meinen Hut erkennt mich ja keiner.“

Die Musik zu diesem Buch schrieb Urte Gerlach.

Den Inhalt des Bilderbuches „Eine Geschichte vom Nikolaus“ in eine musikalische Spielszene umsetzen.
Dazu zunächst den Anfang der Geschichte lesen. Wie könnte die Geschichte weitergehen?

Dieses Lied erzählt, wie die Geschichte im Buch weitergeht:

2. Er eilt umher, sucht überall,
die Zeit wird langsam knapp,
da blökt das kleine Himmelslamm:
„Er flog zur Erd' hinab!“

„Oh je, oh je!“, stöhnt Nikolaus,
zieht sich zu Haus rasch an.
Der Wirbelwind trägt ihn zur Erd',
so sanft, so schnell er kann.

„Oh je, oh je! Oh nein, oh nein!“ …

3. Schon landet er im weichen Schnee,
hört Glöckchen silberhell.
Im Rentiertaxi durch die Welt,
da geht die Suche schnell.

Und – ruck – schon zieht der Schlitten an,
die Glöckchen klingen hell.
Der Nikolaus ruft durch den Wind:
„Lauft schneller, schnell, schnell, schnell!“

Fortsetzung der Geschichte mithilfe des Liedtextes erarbeiten. In der späteren Spielszene das Lied singen und mit Instrumenten begleiten. Den Nikolaus mit seinem Rentierschlitten kostümiert darstellen.

Die Lappenkinder schütteln betrübt die Köpfe. Nein, sie haben nichts gefunden. Der heilige Nikolaus tut ihnen Leid, so ganz ohne seine Mütze. Man erkennt ihn ja nicht.
„Versuch's mal mit meiner!", sagt ein kleiner Junge und reißt sich die Lappenmütze vom Kopf. Nikolaus stülpt sie über das weiße Haar und fragt die Kinder, wie er aussieht. Die Kinder flüstern miteinander. Schließlich sagen sie:
„Du siehst aus wie unser Großvater, wenn er auf Robbenjagd geht."
„Nicht wie der heilige Nikolaus?", fragt Nikolaus.
„Leider nein."
„Dann muss ich woanders suchen", seufzt der Nikolaus.
Zum Dank lässt er die Lappenkinder tief in den Nikolaussack greifen. Dann fährt er weiter.

Hier ein Tipp für das Aufschreiben des Gesprächs:

Nikolaus: Habt ihr meine Mütze gesehen?
Junge: Ich habe nichts gesehen!
Nikolaus: ...
Mädchen: ...

Das erste Reiseziel des Nikolaus (Lappland) besprechen. Für die szenische Umsetzung das Gespräch in einem Rollenbuch festhalten.
Weitere Reiseziele des Nikolaus erfinden, in denen er seinen Hut nicht findet. Auch diese Gespräche aufschreiben und spielerisch umsetzen.

Singt und spielt den Schluss eurer Geschichte so:

Nikolaus zeichnet mit dem Krummstab eine Bischofsmütze in den Sand.
„Genau sowas hängt drüben im Feigenbaum!“, rufen die Kinder.
„Aber das gehört jetzt den Webervögeln.“
Wirklich hängt die Bischofsmütze zwischen den Feigenbaum-Ästen.

Glücklich setzt der Nikolaus die Bischofsmütze auf.

❷ 18–21

Das Endreiseziel des Nikolaus (Afrika) und den Fundort seiner Mütze anhand der Texte und Bilder erschließen.
In der spielerischen Umsetzung das glückliche Ende der Geschichte durch das Singen und Begleiten des Liedes bekräftigen.

Das Winterfest ② 22/23

Text und Melodie:
Volker Rosin

2. Der Schneemann tanzt gern Rock 'n' Roll – ah ja, ah ja.
Der Hase denkt nur: „Wat dat soll?" – ah ja, ah ja.
Was nun? Was nun? Was werden sie wohl tun?
Sie wollen heute feiern …

3. Die Katze zieht die Krallen ein – ah ja, ah ja.
Der Bär, der lässt das Brummen sein – ah ja, ah ja.
Was nun? Was nun? Was werden sie wohl tun?
Sie wollen heute feiern …

4. Die Schneeflocken sind auch schon da – ah ja, ah ja.
Sie fallen sanft auf Haut und Haar – ah ja, ah ja.
Was nun? Was nun? Was werden sie wohl tun?
Sie wollen heute feiern …

■ So könnt ihr den Refrain begleiten:

Sie wollen …

■ Wählt für eure Begleitung passende Instrumente aus.

Lied singen. Den Refrain des Liedes nach dem Muster der rhythmischen Bausteine mit (Körper-) Instrumenten begleiten.

In einem kleinen Iglu ❷ 24/25

Text und Melodie:
Günther Kretzschmar

2. Auf einem großen Gletscher,
an einem hohen Berg,
da friert jeden Abend
ein kleiner Gletscherzwerg.
Klatscht in die Hände …

- Tanzt den Refrain des Liedes zu zweit.
Sucht euch dafür eigene Bewegungen aus.

Klatscht in die Hände 1, 2, 3, trampelt mit den Füßen 1, 2, 3, klopft mit den Händen seine Arm', dann wird's ihm warm.

Die Struktur des Liedes (Wechsel von Strophe und Refrain) erfassen.
Den Refrain des Liedes in verschiedenen Handfassungen und Tanzfiguren mit einer Partnerin/einem Partner gestalten.

Weihnachten ist nicht mehr weit ❷ 26/27

Text: Rolf Krenzer,
Musik: Detlev Jöcker

2. Schneidern, hämmern, basteln,
überall im Haus.
Man begegnet hin und wieder
schon dem Nikolaus.
Ja, ihr wisst Bescheid!
Macht euch jetzt bereit:
Bis Weihnachten, bis Weihnachten
ist's nicht mehr weit.

3. Lieb verpackte Päckchen
überall versteckt,
und die frisch geback'nen Plätzchen
wurden schon entdeckt.
Heute hat's geschneit!
Macht euch jetzt bereit:
Bis Weihnachten, bis Weihnachten
ist's nicht mehr weit.

4. Menschen finden wieder
füreinander Zeit.
Und es klingen alte Lieder
durch die Dunkelheit.
Bald ist es so weit.
Macht euch jetzt bereit:
Bis Weihnachten, bis Weihnachten
ist's nicht mehr weit.

- Spielt in den Pausen (▬) jeweils einmal mit euren Fingerzimbeln. 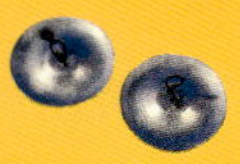

- Begleitet die letzte Zeile des Liedes mit der großen Trommel.

Bis Weihnachten …

Lied singen und begleiten: Dazu rot gekennzeichnete Pausen durch Fingerzimbelschlag hörbar machen; letzte Liedzeile nach dem Muster der rhythmischen Bausteine mit großer Trommel begleiten.

Alle fangt an ❷ 28

Text und Melodie:
mündlich überliefert aus Oberbayern

2. Jesulein süß,
von Herzen dich grüß,
tust mir gefallen,
lieb dich vor allen.
Du bist ganz mein.
Schließ mich ins Herz ein.

- Baue dir ein Gläserspiel.
- Erfinde auf deinem Gläserspiel für das Kind im Stall eine Melodie.
- Versucht auch zu zweit eine Melodie zu erfinden.

Singen des Liedes. Mit unterschiedlichen Tonhöhen und Anschlagsarten eines Gläserspiels experimentieren.
Für das Kind im Stall eine Melodie erfinden. Diese als Vor- und Nachspiel zum Lied einsetzen.

Versteckt in der Hecke

Heckenverstecke!
Wer steckt in der Hecke?
Tiere und Pflanzen sollst du kennen
und sie bei ihrem Namen nennen:

Schlehdorn | Haselstrauch | Heckenrose | Farn

- Sprich den Reim „Heckenverstecke“ und benenne die versteckten Pflanzen.
- Erfinde ein Sprechstück mit vier Tieren und schreibe dieses auf.
- Versuche den Reim „Heckenverstecke“ zu singen.

Den Reim „Heckenverstecke“ rhythmisch sprechen. Je vier Pflanzen- und Tiernamen zu einem Sprechstück zusammenfügen und dieses mit rhythmischen Bausteinen notieren. Für den Reim „Heckenverstecke“ im Sprechgesang eine eigene Melodie erfinden. Diese zwischen den Sprechstücken singen.

Spinnenlied ❷ 29/30

Text und Melodie:
Hans Baumann

2. Das neue Netz ist bald gemacht,
geduldig wird das Werk vollbracht
in vielen Stunden wunderbar
aus Fäden, feiner als ein Haar.
Und trägt's der Wind im Herbst davon,
was stört das eine Spinne schon?
Die Spinne fährt im Wind dahin –
wohin? Zum Neubeginn.

■ Zieht mit gesummten Tönen unsichtbare Fäden zwischen euch. Am Schluss sollen alle Kinder an diesen Fäden miteinander verbunden sein.

Spinne als Heckentier herausgreifen und das Spinnenlied erlernen. In einem Stimmspiel mit summenden Tönen ein unsichtbares Spinnennetz herstellen. Beim Ziehen (Summen) der einzelnen Fäden auf eine lockere, leicht gespannte Haltung sowie auf eine anstrengungsfreie Tongebung achten.

Einleitung:

Die freche Spinne
Hoch oben auf der Regenrinne
sitzt die kleine freche Spinne.
Krabbelt hin und krabbelt her,
das Spinnen fällt ihr gar nicht schwer.

1. Strophe:

„Olala, was seh ich da?
Eine  ist auch schon da!"
Und sie lässt sich froh und munter
bis zu dieser  hinunter.
Krabbelt hin und krabbelt her,
das Spinnen fällt ihr gar nicht schwer.
Kommt ein Sturmwind mit Getöse
und die 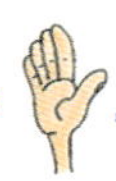, sie wackelt böse.

Doch die kleine freche Spinne
zieht sich hoch zur Regenrinne.
Krabbelt hin und krabbelt her,
das Spinnen fällt ihr gar nicht schwer.
(…)

Schluss:

Kommt ein Sturmwind mit Getöse
und die Hand, sie wackelt böse.
Doch die kleine freche Spinne
zieht sich hoch zur Regenrinne.
Krabbelt schnell in ein Versteck
und ist weg.

■ Setze anstelle der  auch andere Körperteile in den Text ein.

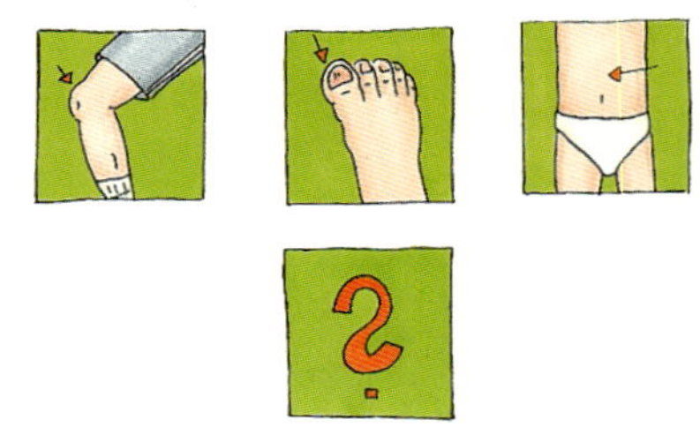

■ Lass deine kleine freche Spinne auch einmal zu einem anderen Kind krabbeln.

Den gesamten Text ausdrucksvoll sprechen und gestisch darstellen.
Die Spinne – durch Veränderung des Textmittelteils – auch zu anderen Körperteilen krabbeln lassen.

❷ 31

■ Höre den Spinnenblues und achte genau auf den Text:
Wer spielt welches Instrument?

■ Bildet zu viert eine „Spinne“.
Denkt euch für die Strophen und den Refrain
je einen unterschiedlichen Spinnengang aus.

Den Spinnenblues (CD 2/31) hören und den Inhalt des Liedes erfassen.

Jeweils zu viert eine „Spinne“ bilden und zum Refrain sowie zu den Strophen des Liedes in einem jeweils unterschiedlichen Spinnengang tanzen.

Das neue Lied ❷ 32/33

Text: Ilona Bodden,
Melodie: Wolfgang Hauck

2. Den Oberspatz verdrießt es,
er schwingt sich hoch empor
zum allerhöchsten Wipfel
und überschreit den Chor:
Schilp …

■ Begleitet das Lied mit Stabspielen oder Klangbausteinen.

Der Früh - ling ist ge - kom - men, es fängt zu blü - hen an.

C F D C

Die Spat -zen sin-gen kräf - tig, so laut nur je - der kann.

Lied erlernen und mit verteilten Rollen (Erzähler, Spatzen, Oberspatz) singen.
Das Lied mit Stabspielen oder Klangbausteinen textgebunden begleiten.

3. So geht es nicht mehr weiter – das ist wohl allen klar –, dies haben wir gesungen schon im vergang'nen Jahr. Schilp …

4. So kann's unmöglich bleiben. Wir brauchen, wie man sieht, als hochmoderne Spatzen ein neues Frühlingslied. Schilp …

5. Es sollte ungewöhnlich, kühn, überraschend sein. Mir fiel nach langem Denken etwas sehr Schönes ein: Schilp …

6. Da riefen alle Spatzen: „Hört nur, wie klingt das fein! Der Oberspatz soll leben, er soll der Größte sein!“ Schilp …

7. Man probt die neue Weise, sie hört sich herrlich an, und jeder singt befriedigt, so laut er irgend kann: Schilp …

■ Spielt die beiden Spatzenrufe im Wechsel:

Schilp,	schilp.
C	A

Schilp,	schilp.
G	E

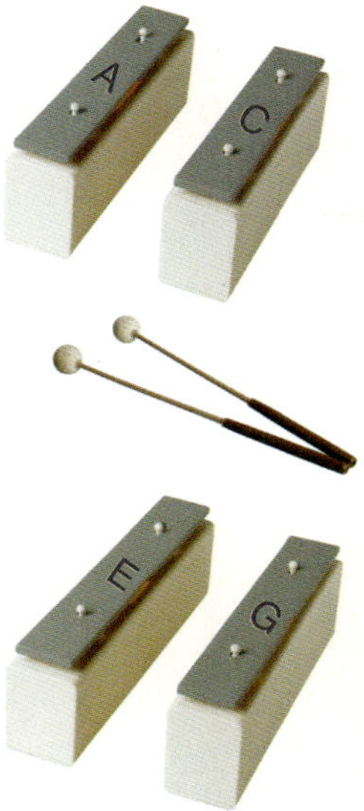

■ Spielt die beiden Spatzenrufe auch gleichzeitig.

■ Erfindet mit den Spatzenrufen nach jeder Strophe ein Zwischenspiel.

Die Spatzenrufe (c-a, g-e) nacheinander und gleichzeitig auf Klangbausteinen erklingen lassen. Mit beiden Rufen nach jeder Strophe Zwischenspiele improvisieren.

Jetzt kommt die Osterzeit ❷ 34

Text und Melodie:
Rolf Zuckowski

Osterei-Rasseln (Chicken-Shakes) nach Anleitung basteln.

Refrain:
Jetzt kommt die Osterzeit.
Alle Hasen machen sich bereit.
Alle Jahre wieder
erklingen unsre Osterlieder.
Jetzt kommt die Osterzeit.
Alle Hasen machen sich bereit.
Und im Sonnenlicht
ist jeder Tag wie ein Gedicht.

2. Strophe:
Vom Laufen und vom Spielen
und vom Spazierengeh'n,
von Bienen, die nach langer Zeit
die ersten Blüten seh'n.
Vom Huhn, das brav und fleißig
die Eier legen muss,
von frisch verliebten Pärchen
und vom allerersten Kuss.

Refrain:
Jetzt kommt die Osterzeit.
Alle Hasen machen sich bereit.
Alle Jahre wieder
erklingen unsre Osterlieder.
Jetzt kommt die Osterzeit.
Alle Hasen machen sich bereit.
Und im Sonnenlicht ist jeder …

■ Spielt mit euren Chicken-Shakes den Refrain mit.
Bewegt dazu eure Unterarme gleichmäßig vor und zurück.

16-mal

Das Lied singen und den Refrain im Metrum mit den Rasseln begleiten.

Am Meer

Strandgut

2 35/36

Text und Melodie:
Klaus W. Hoffmann

2. Manchmal schwemmt das Meer so allerhand
Sachen an den Inselbadestrand:
Tang und Algen, kleine Schnecken, eine Armbanduhr,
ein Stück Holz und eine weiße Porzellanfigur.
All das liegt dann feucht und stumm
im Ufersand herum.

3. Manchmal schwemmt das Meer so allerhand
Sachen an den Inselbadestrand:
kleine Kieselsteine und ein ölverschmiertes Seil,
eine halb verfaulte Flöte ohne Mundstückteil.
All das liegt dann feucht und stumm
im Ufersand herum.

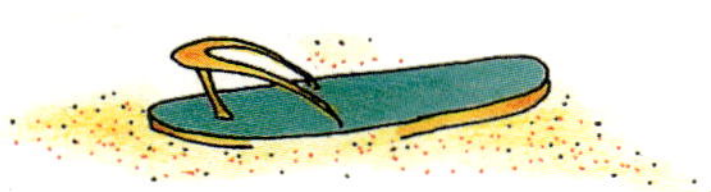

Liedtext mithilfe der Bilder erschließen/nachvollziehen. Diesen aufgrund rhythmischer Besonderheiten zunächst sprechen, dann auch singen.

■ Bringt verschiedene Röhren mit und versucht sie zum Klingen zu bringen. Wonach klingen diese Klänge?

■ Spiele einen Klang und male ein Bild dazu.

■ Legt alle Bilder als Geschichte aneinander und spielt diese Geschichte mit euren Röhren.

Mit verschiedenen Klangobjekten (Röhren aller Art) experimentieren. Diese blasen, klopfen, schlagen, schütteln ... Einen Klang auswählen und zu diesem die inhaltliche Assoziation aufmalen. Alle Bilder zu einer Geschichte aneinander fügen und diese mit den Klangobjekten gestalten.

Verschiedene Röhren lassen sich längs oder quer blasen.
Hier siehst du die Querflöte.

Sicher ist es nicht schwer zu erraten,
warum sie ausgerechnet diesen Namen hat.

■ Höre dir von der CD eine kleine Melodie an,
die von der Querflöte gespielt wird.
Welche Notenzeile passt zu dieser Melodie?

❷ 37

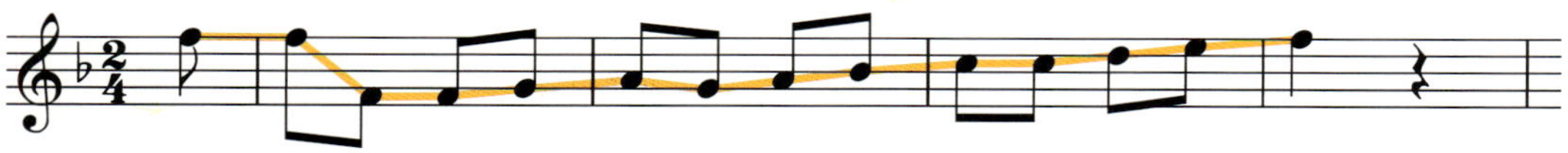

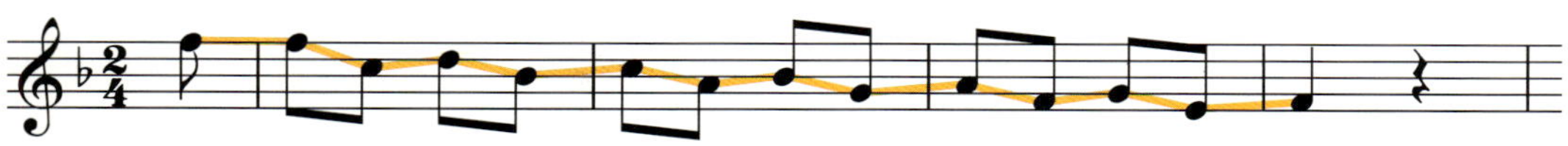

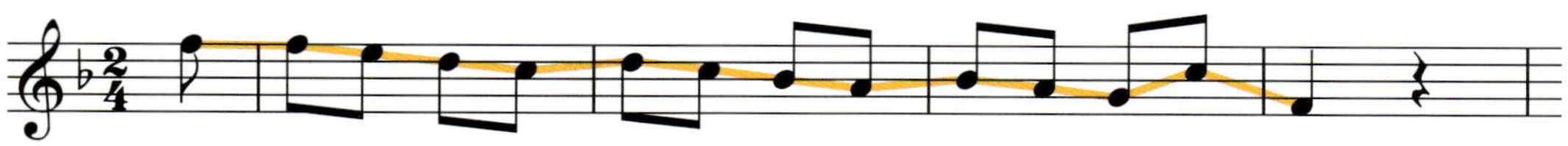

■ In dem folgenden Sommertanz kommt
diese kleine Melodie mehrmals vor.
Spiele immer dann auf deiner „Querflöte“ mit,
wenn du diese Melodie hörst.
❷ 38

Aussehen und Bezeichnung der Querflöte kennen lernen. In einem kurzen Hörbeispiel (CD 2/37) die Querflöte bewusst hören und ihr Spiel in der Notation mitverfolgen. Diesen Abschnitt in dem Hörbeispiel CD 2/38 (M. Marais: Le basque) wieder erkennen und auf einer imaginären Querflöte pantomimisch mitspielen.

■ So könnt ihr das gesamte Stück abwechselnd begleiten:

1. Teil:

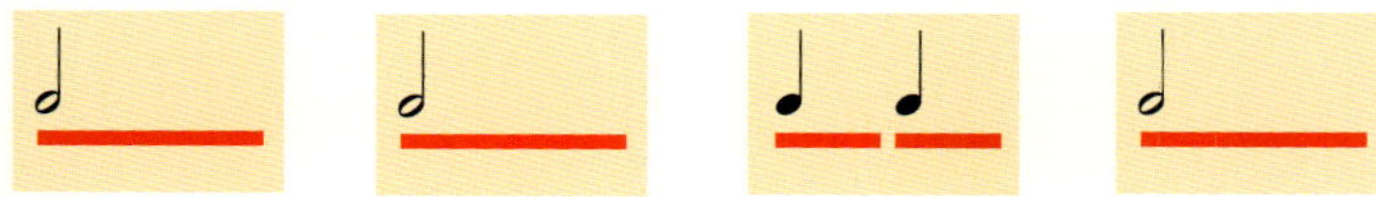

4-mal

2. Teil:

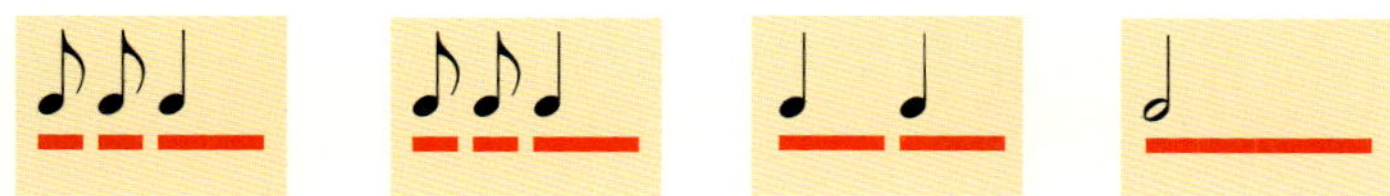

6-mal

■ Ihr könnt zu diesem Musikstück auch tanzen.

Tanzt den ersten Teil im Kreis.

Tanzt im zweiten Teil frei durch den Raum.

Zum Hörbeispiel CD 2/38 (M. Marais: Le basque) einen Mitspielsatz mit Körperinstrumenten erarbeiten: Dazu zum A- und B-Teil unterschiedliche rhythmische Bausteinfolgen spielen. Die beiden Teile des Musikstücks unterschiedlich tanzen.

Trarira, der Sommer, der ist da

❷ 39

Text und Melodie:
mündlich überliefert

2. Trarira, der Sommer, der ist da!
Wir wollen hinter Hecken
und woll'n den Sommer wecken.
Ja, ja, ja, der Sommer, der ist da!

3. Trarira, der Sommer, der ist da!
Der Winter ist zerronnen,
der Sommer hat begonnen.
Ja, ja, ja, der Sommer, der ist da!

- In dieser Hecke sind zwei kleine Melodien versteckt. Versuche sie zu singen.
- Findest du die kleinen Melodien im Lied? Welcher Text gehört dazu?

Lied singen. Melodieverläufe der kleinen Liedabschnitte im Buch mitzeigen, mitsummen und auf Tonsilben singen. Anschließend den entsprechenden Liedtexten zuordnen.

An der Haltestelle ❷ 40/41

Text und Melodie:
Diether de la Motte

2. Doch die Leute sagen zu dem Fahrer:
Der Bus ist so riesengroß.
Wenn es voll wird und kein Platz mehr frei ist,
Platz mehr frei ist,
nimmt einer sie auf den Schoß.

3. Vielen Dank, Herr Fahrer und ihr Leute,
doch bin ich zu heiß und schwer.
Ich will eure Mäntel nicht verbrennen,
nicht verbrennen
und fliege im Bus umher.

4. Einen Bus, der leuchtet wie die Sonne,
den hat man noch nie geseh'n.
Und so bleiben in den engen Straßen,
engen Straßen
die Leute verwundert steh'n.

5. Bei dem Kaufhaus sagt die Sonne „Danke“
und fliegt aus dem Bus heraus.
Limonade holt sie sich zehn Flaschen,
sich zehn Flaschen
und schleppt sie zu sich nach Haus.

6. Manchmal passt sie nicht gut auf beim Trinken,
dann fällt ihr die Flasche um.
Wenn es regnet, schmeckt's wie Limonade,
Limonade.
Jetzt wissen wir auch, warum.

■ Zu dem Lied haben Kinder einer zweiten Klasse diese Bilder gemalt. Findest du heraus, welches Bild zu welcher Strophe gehört?

- Höre dir das Lied „Unten im Meer“ an. 2 42
- Achte beim zweiten Hören genau auf den Text.
  Wer tümmelt sich „unten im Meer“?
- Male die lustigen Meeresbewohner.

- Willst du wissen, wie alle Meeresbewohner in dem Film „Arielle, die Meerjungfrau“ aussehen?
  Dann besorge dir Informationen und versuche, die folgenden Fragen zu beantworten:

1. Wie heißen die Hauptpersonen im Film?
2. Wer singt in dem Film das Lied „Unten im Meer“?
3. Warum wird dieses Lied gesungen?

Hören des Liedes „Unten im Meer“ (CD 2/42). Malen des Liedinhaltes. Anregen der Kinder zu weiterer inhaltlicher Recherche.

Unten im Meer

Text: Howard Ashman,
Melodie: Alan Menken, deutscher Text: Frank Lenart

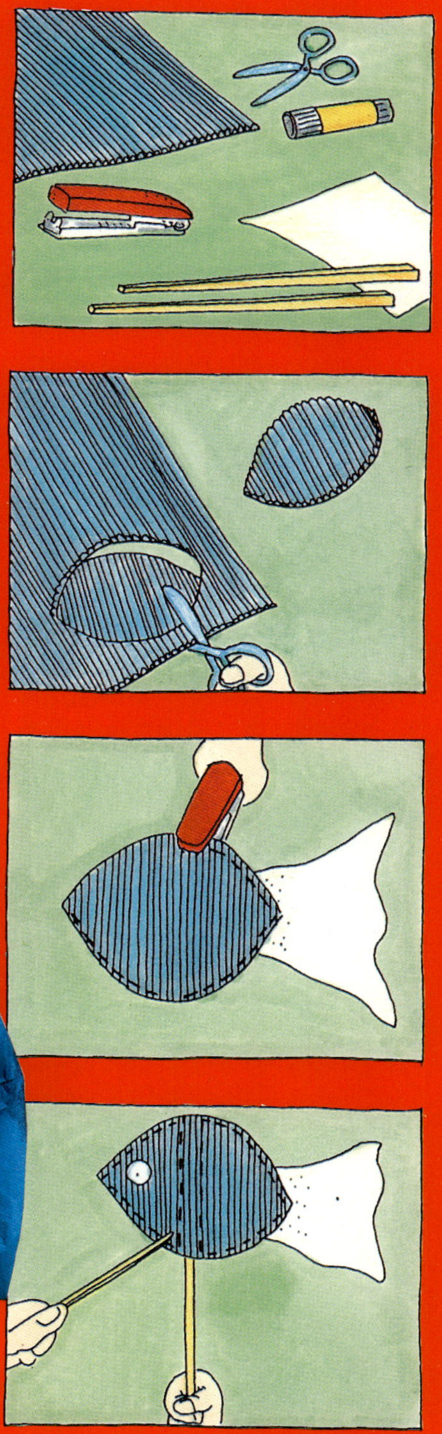

■ Bastle dir einen Guiro-Fisch und begleite den abgedruckten Teil des Liedes so:

8-mal

Unten im Meer …

Einen Guirofisch basteln und mit unterschiedlichen Spielweisen experimentieren.
Den abgedruckten Ausschnitt des Liedes mitsingen und diesen nach dem Muster der rhythmischen Bausteine mitspielen.

Lieder, Reime, Texte und Gedichte in alphabetischer Reihenfolge

Alphabetisches Werkverzeichnis

Liedquellen

4f.: Melodie und Text: Wolfgang Spode, © Fidula-Verlag, Boppard/Rhein und Salzburg
6f.: Melodie und Text: Gerda Bächli, © Gibellina-Arts AG/Pan Verlag, Baden/CH
8f.: Melodie und Text: Lorenz Maierhofer, © Musikverlag Helbling, Innsbruck
10: Melodie: Ludger Edelkötter, Text: Rolf Krenzer, © KiMu Kinder Musik Verlag GmbH, 42555 Velbert
11: Melodie und Text: Dorothea Zigldrum, © Westermann Schulbuchverlag, Braunschweig
12: Musik und Text: Karl Foltz, © Möseler Verlag, Wolfenbüttel
15: Melodie und Text: Wolfgang Spode, © Fidula-Verlag, Boppard/Rhein und Salzburg
16: Melodie: Detlev Jöcker, Text: Lore Kleikamp, © Menschenkinder Verlag, Münster
17: Melodie und Text: © Michael Widmer und Stefan Ölke
18: Melodie: Ernst Wieblitz, Text: mündlich überliefert, © Strube Verlag GmbH, München – Berlin
19: Melodie: Dorothée Kreusch-Jacob, Text: Max Kruse, © Patmos Verlag, Düsseldorf
20f.: Melodie und Text: Wolfgang Spode, © Fidula-Verlag, Boppard/Rhein und Salzburg
24: Melodie und Text: Klaus W. Hoffmann nach einem traditionellen englischen Kinderlied, © Aktive Musik Verlagsgesellschaft mbH, Dortmund
25: Melodie und Text: Wolfgang Spode, © Fidula-Verlag, Boppard/Rhein und Salzburg
26f.: Melodie und Text: Günther Kretzschmar, © Fidula-Verlag, Boppard/Rhein und Salzburg
28: Melodie und Text: mündlich überliefert aus Polen, deutscher Text: © Irmgard Merkt
31: Gioacchino Rossini
32f.: Melodie und Text: Fredrik Vahle, © für Melodie: Aktive Musik Verlagsgesellschaft mbH, Dortmund, © für Text: Middelhauve Verlags GmbH, München
34: Melodie: Klaus Holthaus, Text: Tony Gehling, © Fidula-Verlag, Boppard/Rhein und Salzburg
38: Melodie: Rudi Mika, Text: Klaus W. Hoffmann, © Aktive Musik Verlagsgesellschaft mbH, Dortmund
40f.: Melodie und Text: Konrad Elfers, Jahn Johansson, Wolfram Franke, © Filmkunst Musikverlag, München
42: Rhythmische Umsetzung: Reinhold Wirsching, © Westermann Schulbuchverlag, Braunschweig, Text: © Robert Metcalf
43: Melodie: Ludger Edelkötter, Text: Rolf Krenzer, © KiMu Kinder Musik Verlag GmbH, 42555 Velbert
46: Melodie und Text: Christa Zeuch, © by Arena Verlag GmbH, Würzburg
48f.: Melodie und Text: Marianne Steffen-Wittek, © Hubertus Nogatz Verlag, Essen
50: Melodie und Text: Fredrik Vahle, © Aktive Musik Verlagsgesellschaft mbH, Dortmund
54: Melodie: Manfred Bauer, © Religionspädagogische Arbeitshilfen GmbH, Landshut, Text: mündlich überliefert
56: Melodie und Text: aus der Türkei, deutscher Text: Stephan Unterberger, © Edition Helbling AG
58: Melodie und Text: Dorothée Kreusch-Jacob, © Patmos Verlag, Düsseldorf
59: Melodie und Text: mündlich überliefert aus Holstein
61ff.: Melodie und Text: © Urte Gerlach, nach Mira Lobe/Christine Sormann, Eine Geschichte vom Nikolaus, © 1997 by Verlag Jungbrunnen, Wien-München
64: Melodie und Text: Volker Rosin, © Don Bosco Verlag, München
65: Melodie und Text: Günther Kretzschmar, © Möseler Verlag, Wolfenbüttel
66: Melodie: Detlev Jöcker, Text: Rolf Krenzer, © Menschenkinder Verlag, Münster
67: Melodie und Text: mündlich überliefert aus Oberbayern
69: Melodie und Text: Hans Baumann, © Möseler Verlag, Wolfenbüttel
72f.: Melodie: Wolfgang Hauck, Text: Ilona Bodden, © Fidula-Verlag, Boppard/Rhein und Salzburg
74f.: Melodie und Text: Rolf Zuckowski, © MUSIK FÜR DICH Rolf Zuckowski OHG, Hamburg
76: Melodie und Text: Klaus W. Hoffmann, © Aktive Musik Verlagsgesellschaft mbH, Dortmund
80: Melodie und Text: mündlich überliefert
81: Melodie und Text: © Diether de la Motte
83: Melodie: Alan Menken, Text: Howard Ashman, deutscher Text: Frank Lenart © 1988 Walt Disney Music Company/ Wonderland Music Company, Inc. All Rights Reserved. Used by Permission

Notensatz: prima nota GmbH, Korbach

Triangel
Schellenring
Becken
Schellentrommel
Schellenkranz
Fingerzimbeln
Handtrommel
Holzröhrentrommel
Claves (Klanghölzer)
Holzblocktrommel
Große Trommel
Rasseln
(Maracas)
Guiro

1. Auflage 1. Druck
Herstellungsjahr 2002

www.westermann.de

Lektorat: Urte Gerlach, Kathrin Hanne
Lay-out und Herstellung: Nijole Küstner
Druck und Bindung: westermann druck GmbH, Braunschweig

ISBN 3-14-**125022**-7

Textquellen

23: Ausschnitte aus: Munro Leaf, Ferdinand, mit Zeichnungen von Robert Lawson, aus dem Amerikanischen von Fritz Güttinger, Copyright © 1993 Diogenes Verlag AG, Zürich

35: Manchmal wär ich gern ...: © Erhard Dietl, aus: Erhard Dietl, Manchmal wär ich gern ein Tiger, Ravensburger Buchverlag 1985

60, 62, 63: Ausschnitte aus: Mira Lobe, Christine Sormann, Eine Geschichte vom Nikolaus, © 1997 by Verlag Jungbrunnen, Wien-München

69: Landauf, landab, © Lene Mayer-Skumanz, Wien

70: Die freche Spinne, aus: Susanne Peter-Führe, Rhythmik für alle Sinne, © Verlag Herder, Freiburg, 6. Auflage 2001

Bildquellen

Illustrationen: Dunja Schnabel, Hamburg

5: (o.l.) Fotoagentur Helga Lade (BAV), Frankfurt

5: (o.r.) Bildarchiv Okapia (W. Weinhäupl), Frankfurt

5: (u.l.) Bildagentur Huber (Gräfenhain), Garmisch-Partenkirchen

23: aus: Munro Leaf, Ferdinand, mit Zeichnungen von Robert Lawson, aus dem Amerikanischen von Fritz Güttinger, Copyright © 1993 Diogenes Verlag AG, Zürich

29: (o.) Monika Binder, Remlingen

29: (M. u. u.r.) Reinhard-Tierfoto, Heiligkreuzsteinach

29: (u.l.) blickwinkel, Witten

30: Staatliche Kunsthalle, Karlsruhe (Katzensymphonie von Moritz von Schwind)

32, 33: aus: Fredrik Vahle, Helme Heine, Der Katzentatzentanz, © 2000 Middelhauve Verlags GmbH, München

36: (Schwanzflosse des Wals) © Juniors Bildarchiv, Ruhpolding; Foto: R. v. Meurs

36: (Zirkusplakat) © Circus Roncalli, München

36: (Tap Dogs) © B.B. Promotion GmbH, Mannheim

36: (Dschungelbuch) © Bild- und Textarchiv Cinetext, Frankfurt

36: (Mozart) Deutsche Mozart-Gesellschaft, Augsburg

36: (Top of the Pops) © PGI Bildarchiv, München

36: (Volksmusik) aus: Wastl Fanderl, Stubenmusi, BMG Ariola München GmbH

40, 41: © Deutsches Filminstitut-DIF, Frankfurt

52: © Mathis Werbetechnik, Merzhausen

60, 62, 63: aus: Mira Lobe, Christine Sormann, Eine Geschichte vom Nikolaus, © 1997 by Verlag Jungbrunnen, Wien und München

68: (Hecke) Picture Press, Hamburg

68: (Schlehdorn) Bildarchiv Okapia (H. Reinhard), Frankfurt

68: (Haselstrauch) Fotoagentur Helga Lade (E. Morell), Frankfurt

68: (Heckenrose) Bildarchiv Okapia (I. Friz), Frankfurt

68: (Farn) Bildarchiv Okapia (H. Kranemann), Frankurt

68: (Distelfink) Tierbildarchiv Angermayer, Holzkirchen

68: (Schmetterling) Vividia, München

68: (Ringelnatter) Bildarchiv Okapia (Christen), Frankfurt

68: (Maus) Bildarchiv Okapia (Sohns), Frankfurt

68: (Igel) Bildarchiv Okapia (N. Reinhard), Frankfurt

69: (Kreuzspinne) © Tierbildarchiv Angermayer (H. Pfletschinger, Holzkirchen

69: (Spinnennetz) © laif (G. Huber), Köln

71: (CD: Maus Tier-Lieder) © 2000 Universal Family Entertainment and division of Universal Music GmbH, Hamburg

78: (Flötist) Picture Press (© Corbis Sygma), Hamburg

Alle übrigen Fotos: Lutz Pape, Braunschweig

Die Instrumente wurden freundlicherweise von der Musischen Akademie der Christophorusschule in Braunschweig zur Verfügung gestellt.